CONTRIBUTION A L'ÉTUDE

DE

LA MUSIQUE HINDOUE

PAR

J. GROSSET

BOURSIER D'ÉTUDES PRÈS LA FACULTÉ DES LETTRES DE LYON

Extrait du tome VI de la Bibliothèque de la Faculté des Lettres de Lyon.

PARIS
ERNEST LEROUX, ÉDITEUR
28, RUE BONAPARTE
—
1888

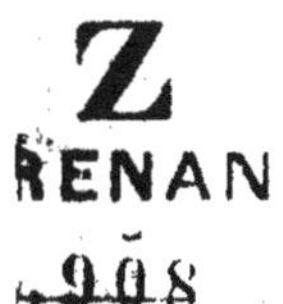

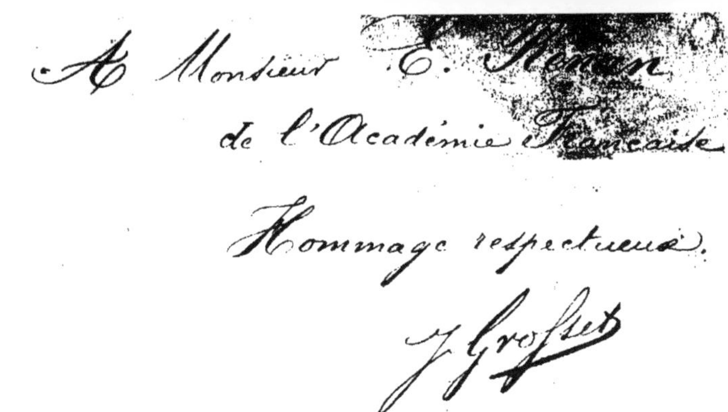

CONTRIBUTION A L'ÉTUDE

DE

LA MUSIQUE HINDOUE

PAR

J. GROSSET

BOURSIER D'ÉTUDES PRÈS LA FACULTÉ DES LETTRES DE LYON

CONTRIBUTION A L'ÉTUDE
DE LA MUSIQUE HINDOUE

AVANT-PROPOS

Indépendamment de l'intérêt que présente, pour la connaissance de l'esprit humain, l'étude des moindres faits du passé, — surtout lorsqu'il s'agit d'une civilisation qui, comme celle des peuples de l'Inde, remonte aux premières manifestations appréciables de la race indo-européenne à laquelle nous appartenons, — la *musique hindoue* mérite de fixer notre attention et de piquer notre curiosité.

On est frappé, lorsqu'on étudie les littératures primitives, particulièrement celles des peuples de l'Orient, de voir l'importance capitale qu'ont prise à l'origine, parmi les diverses expressions de leur pensée, la poésie et la musique [1]. Ces

1. « Il est des nations entières, les Mahométans par exemple, remarque Schopenhauer, qui en manquent absolument (des arts plastiques) ; mais il n'en est pas où la musique et la poésie fassent défaut. » *Le monde comme volonté :* de l'Esthétique de la Poésie, t. II de la trad. Cantacuzène, page 642.

Nous citons plus loin, p. 14, un passage remarquable où Schopenhauer étudie l'alliance de la poésie avec la musique et fait ressortir la supériorité de la musique dans l'expression des sentiments.

deux arts, si intimement liés qu'ils semblent n'en avoir formé tout d'abord qu'un seul, y tiennent la première place, et apparaissent réunis dans la première forme que semble avoir revêtue la pensée humaine, dans ces *chants* mesurés et rhythmés des antiques populations aryennes, que nous appelons hymnes [1].

« ... Quand il s'agit des temps primitifs, remarque Pictet [2], il est impossible de séparer ces deux modes d'expression de l'âme humaine. Toute poésie commence par des chants populaires et se développe pendant longtemps en intime union avec la mélodie vocale et l'accompagnement musical. Ce n'est qu'aux époques de l'art avancé et réfléchi que la déclamation remplace le chant, et que celui-ci devient par lui-même un moyen puissant d'exprimer les sentiments à l'aide du prestige de la musique. Les langues ont conservé partout des preuves de cette fusion primitive des deux éléments, car partout les poëmes sont des chants, et les poètes des chanteurs. »

« Les premiers épanchements de l'inspiration poétique furent sans doute de courts chants qui décrivaient, en peu de vers et avec une simplicité encore embarrassée, les choses dont les âmes étaient profondément touchées [3]. »

1. Dans son récent ouvrage sur l'Histoire de la littérature grecque, après avoir démontré la pratique de la danse et du chant dans les fêtes en l'honneur des dieux, dans les autres occasions de réjouissances telles que les noces et les vendanges, au temps d'Homère; après avoir établi qu'elle remonte même à une époque bien antérieure à Homère et aux plus anciens poètes lyriques qui nous soient connus, le savant professeur W. Christ ajoute : « Le texte et la mélodie marchent, dans la poésie grecque, la main dans la main jusqu'à l'époque de la guerre du Péloponnèse. En règle générale, en même temps qu'il composait le texte, le poète lui adjoignait la mélodie. Mais, si l'on considère le cours de l'histoire, on voit le développement de la musique précéder celui de la poésie ; on voit des mélodies sur la cithare et sur la flûte se propager dans le peuple, avant que des textes poétiques y aient été adaptés. » — *Handbuch der Klassischen Alterthums-Wissenschaft*. Band VII. Nœrdlingen, 1888, page 86-87.

2. *Les Origines indo-européennes*, Paris, 1859-1863 (1re édition), t. II, p. 477. — Comp. Benfey, article *Indien* dans l'*Encyclopédie d'Ersch et Grüber*.

3. Ottfried Müller, *Hist. de la littér. gr.*, 3e éd., t. II, p. 32 de la trad. de K. Hillebrand.

Ces timides balbutiements de l'homme en face des forces de la nature, paraissent avoir revêtu le caractère de chants religieux. C'était une sorte de mélopée naïve, acte d'adoration envers la nature clémente ou redoutable, prière instante adressée aux puissances divinisées et faisant partie des rites du sacrifice. Ce furent aussi de véritables conjurations, des *incantations,* pour nous servir de l'heureuse expression du professeur R. Roth [1], auxquelles l'intelligence fortement impressionnable de ces antiques populations accordait un effet magique.

Aussi loin que nous pouvons remonter dans la littérature de la Grèce, peut-être mieux connue de nous que celles de l'Orient, nous entrevoyons dans les chants de deuil et d'hyménée, dans les péans et les thrènes, dans ces « mélodies populaires accompagnées de paroles plus ou moins expressives [2] », les germes de ce qui donnera plus tard naissance à la poésie lyrique; en même temps que nous saisissons à ses débuts la poésie épique sous la forme de ces hymnes déjà plus développés, plus réguliers, et en quelque sorte hiératiques.

Les auteurs de ces hymnes joignaient à leur caractère de prêtres inspirés celui de poètes et de musiciens. Dans l'Inde, ces chants sacrés étaient l'œuvre des *ṛšis* [3]. En Grèce, les auteurs à moitié légendaires, auxquels on les attribuait, recevaient la dénomination générale *d'aèdes,* c'est-à-dire de *chantres* [4].

1. *Der Atharvaveda in Kaschmir*, p. 10. — Comp. A. C. Burnell, *The Arsheyabrāhmaṇa*, p. 47 de l'*Introduction*

2. Maurice Croiset, *Histoire de la littérature grecque*, 1887, t. I, page 55.

3. D'après certaines autorités (MM. Grassmann, Bergaigne, etc.), « ceux qui répandent leurs chants » (racine *arš* couler, répandre). D'autres rattachent ce mot à la racine *arc*, célébrer par des chants (M. Regnaud); — malgré la difficulté d'expliquer le changement de c en ś (Dict. de St-Pét. art. *ṛši*).

4. « On ne saurait établir par aucune donnée réellement scientifique que les poètes primitifs de la Grèce aient chanté en vers. Mais il est certain qu'ils chantaient » (E. Burnouf, *Hist. de la litt. gr.*, t. I, p. 35). — Ces chants accompagnés au son de la cithare (φόρμιγξ), de la lyre ou de la flûte, présidaient ordinairement à la danse des chœurs. — Voyez Ottfried Muller t. II, ch. 3.

Il s'en suit que, pour avoir une connaissance un peu approfondie de ces productions primitives, l'étude de la musique antique est utile, sinon indispensable. Il est bien difficile de se faire une idée précise des cérémonies du culte aryen [1] et hellénique, dans lesquelles les hymnes du Rig- et du Sâma-Véda, par exemple, étaient psalmodiés ou chantés par des catégories spéciales de prêtres, dans lesquelles les œuvres, perdues pour nous, des Chrysothènes, des Thamyris, des Olen, etc., précédaient ou suivaient l'acte du sacrifice, si l'on n'a pas la moindre notion du caractère que devaient revêtir ces modulations musicales qui, bien loin de n'être toujours que l'accompagnement de la prière, en constituaient parfois, dans les hymnes de Sâma-Véda notamment, la partie essentielle.

Que saurait-on des cérémonies catholiques, et quelle idée pourrait-on se faire des solennités grandioses de ce culte, à l'aide des seuls textes liturgiques; sans le secours, tout au moins, des données du plain-chant — avec lequel, du reste, la mélodie grecque et hindoue présente tant d'analogie?

Mais il y a plus. Dans l'Inde comme en Grèce, et plus qu'en Grèce même, la musique devait faire corps pour longtemps avec la poésie. En cessant d'être prêtre, le poète ne cessa pas d'être un chantre et un musicien. Cette vérité, évidente et indiscutable quand on considère l'ode et le genre lyrique, n'est guère moins sûre pour ce qui concerne l'épopée et le drame.

La musique constituait la partie essentielle de l'ode grecque comme elle fut le premier élément des drames grec et hindou primitifs, comme elle est le fond de la romance et de l'opéra modernes. « L'idée de poésie lyrique, dit Ottfried Müller (t. II, p. 313), à ne parler d'abord que des signes tout extérieurs, rappelle surtout la réunion de la poésie avec

1. Chez les Perses, au rapport d'Hérodote (I, p. 132), un mage (μάγος), assistant à chaque sacrifice, chantait une poésie théogonique (ἐπαείδει θεογονίην).

la musique, le chant aussi bien que la musique instrumentale ».

Pour ce qui est de l'épopée, nous reconnaisons sans peine que l'élément musical était, dans ces compositions, subordonné à la parole, que la poésie n'y était pas, au même titre que dans nos anciennes cantilènes, nos romances et nos opéras, écrite spécialement pour le chant ou même modelée sur lui; mais il n'en reste pas moins acquis que la musique y jouait encore un rôle important et caractéristique.

Quelle était la véritable nature de ces récitations épiques, il est intéressant de s'en rendre un compte exact.

L'aède nomade, poète et musicien, allait à l'origine de ville en ville, réciter les poèmes aimés, ses œuvres le plus souvent. « Il fallait, nous rapporte M. Maurice Croiset [1], qu'il sût jouer de la cithare et chanter. Il est vrai que cette partie technique de son art était fort simple. Avec un instrument tel que celui dont il disposait, l'effet musical ne pouvait être que subordonné à l'effet poétique. L'aède préludait par quelques notes qui annonçaient le chant et lui donnaient le ton; c'était là ce qu'on appelait ἀναϐάλλεσθαι (commencer). Le récit chanté suivait. Sans doute la cithare ne servait plus pendant ce récit qu'à soutenir la voix de loin en loin, car il est évident qu'il ne pouvait être question d'un véritable accompagnement. Le chant lui-même se réduisait à une sorte de récitatif... Cette manière de chanter, la seule qui puisse convenir au récit épique [2], est encore celle des chanteurs serbes et russes [3] ».

Aux aèdes succédèrent les *rhapsodes*. Avec eux l'usage de

1. *Ouvrage cité*, t. I, p. 408.

2. Si l'on objecte la longueur du vers épique, et la difficulté de l'adapter à un chant, nous remarquerons avec M. M. Croiset (p. 70) que l'hexamètre, comme le pentamètre, semble résulter de la soudure de deux membres métriques, d'abord simplement groupés et constituant une sorte de strophe.

3. « Encore de nos jours, les chants héroïques serbes, qui ont très fidèlement conservé leur caractère primitif, sont récités à voix élevée par des chanteurs ambulants, après quelques accords sur la *gurla*, instrument à cordes d'une construction fort simple. » (Ottfried Müller, ouvrage cité, t. II, p. 66.)

la phorminx commença à être abandonné dans les récitations épiques. « Sans doute les progrès nouveaux de la musique avaient rendu les auditeurs plus difficiles ; cet accompagnement primitif semblait monotone et insignifiant ; on y renonça. » Le mot rhapsode finit par désigner une classe d'individus « qui récitaient en public, sans accompagnement musical, des poésies épiques, dont ils n'étaient pas les auteurs [1] ».

Mais l'épopée ne dut pas à ces progrès de l'art musical d'être complètement isolée du chant. Au contraire, l'union reprit bientôt plus intime encore. Car à côté des rhapsodies dont nous parlons plus haut, il y avait, à l'occasion des concours de musique (ἀγών), de véritables chants épiques exécutés avec accompagnement d'instruments à cordes, au milieu d'un appareil pompeux de costumes et d'une sorte de mise en scène [2]. Terpandre passe même pour avoir adapté des mélodies, composées d'après des *nomes* déterminés, aux hexamètres d'Homère ainsi qu'aux siens propres, et, au dire de Plutarque (*De musicâ,* 3), il les chantait ainsi dans les concours.

Il en fut tout-à-fait de même dans l'Inde. Si les grandes épopées du *Mahâbhârata* et du *Râmâyaṇa* étaient parfois, à ce qu'il semble, débitées sur le ton monotonede la récitation orientale faiblement modulée *(pâṭha),* il est fait mention dans les textes d'un chant véritable. Dans le *Raghuvaṃça (Sarga* XV, cl. 33, 63-69, éd. Calcutta 1832), nous voyons les deux fils de Râma, Kuça et Lava, consoler leur mère, dans son exil, en interprétant l'histoire de leur père sous la direction de Vâlmîki lui-même, leur maître spirituel :

« A peine furent-ils sortis de l'enfance, que, leur ayant enseigné le véda et les védâṅgas, il leur fit chanter son poème, la première voie qui s'offre aux apprentis poètes [3]. »

1. Maurice Croiset, ouvrage cité : p. 414.
2. Comp. Ottfried Müller, ouvrage cité : t. II, p. 69
3. sâṅgaṃ ca vedam adhyâpya kiṃ cid utkrântaçaiçavau |
svakṛtim gâpayâm âsa kaviprathamapaddhatim || 33 ||

Ils vont çà et là propageant l'œuvre de leur maître, et partout leurs accents mélodieux charment les spectateurs :

« Dociles aux leçons de leur *guru*, les deux fils de Sîtâ, Kuça et Lava allaient çà et là chantant le *Râmâyaṇa*, œuvre personnelle du descendant de Pracetas.

« C'est l'histoire de Râma, l'auteur est Vâlmîki, la voix des interprètes égale celle des Kiṃnaras : que leur faut-il de plus pour captiver l'âme des auditeurs [1] ? »

Ils chantent avec le même succès devant leur père lui-même :

« La grâce exquise de leur personne, la douceur de leur chant avaient été déjà rapportées à Râma ; accompagné de son jeune frère, il fut curieux de les voir et de les entendre.

« Toute au plaisir d'écouter leurs chants, les visages baignés de larmes, autour d'eux l'assistance était comme un bois au matin, à l'abri du vent, ruisselant de rosée.

. . . .

« Quel maître vous a appris à chanter, quel poète est l'auteur de ces chants ? » leur demande le roi lui-même. « C'est Vâlmîki », répondent-ils [2]. »

Cette coutume s'est perpétuée jusqu'à nos jours. Actuellement encore, il existe dans l'Inde des classes spéciales de lecteurs et de chanteurs de la grande épopée hindoue [3].

1. atha prâcetasopajñaṃ râmâyaṇam itas tataḥ |
maithileyau kuçalavau jagatur gurunoditau || 63 ||
vṛttaṃ râmasya vâlmîkeḥ kṛtis tau kiṃnarasvarau |
kiṃ tad yena manohartum alaṃ syâtâṃ na çṛṇvatâm || 64 ||

2. rûpe gîte ca mâdhuryaṃ tayos tajjñair niveditam |
dadarça sânujo râmaḥ çuçrâva ca kutûhalî || 65 ||
tadgîtaçravaṇaikâgrâ saṃsad açrumukhî babhau |
himanisyandinî prâtar nirvâteva vanasthalî || 66 ||
. . . .
geye kena vinîtau vâṃ kasya ceyaṃ kṛtiḥ kaveḥ |
iti râjñâ svayaṃ pṛṣṭau tau vâlmîkim açâṃsatâm || 69 ||

3. Nous extrayons ces renseignements intéressants d'une communication de Protap Chandra Roy, datée de Calcutta, 17 juillet 1886 à l'*American Oriental Society*. — Voyez Proceedings at New Haven oct. 1886, p. ii, (*Journal Am. Or. Soc.* vol. XIII).

Les premiers, appelés *pâṭhakas*, soutenus et repris par les *dhârakas*, sortes de correcteurs, récitent, devant un auditoire nombreux, les vers du *Mahâbhârata*. Ils consacrent généralement trois mois à l'œuvre complète, pendant lesquels ils sont magnifiquement traités et rétribués par le maître de la maison où ont lieu les séances. A côté de ces récitateurs de profession, qui sont tous des brâhmanes, les *kathakas chantent* le poëme devant une *salle pleine* et sont plus largement rénumérés. Parfois les *pâṭhakas* récitent les vers le matin, et les *kathakas* les chantent le soir, les premiers devant un auditoire instruit, les seconds devant une assistance mêlée.

Si nous passons au drame, nous voyons qu'en Grèce il fut primitivement un chant liturgique (ᾠδή), consacré à la louange de la divinité. Le chœur est presque tout, l'action dramatique ne vient que plus tard et d'abord en seconde ligne.

Dans l'Inde c'était de même, surtout à l'origine [1], à l'occasion de la fête de quelque divinité qu'intervenaient les représentations dramatiques. Le drame hindou nous présente, à côté de la prose du dialogue, des parties lyriques et rhythmées. Ces passages poétiques étaient, pour quelques-uns du moins, chantés avec ou sans accompagnement. Nous avons un moyen facile de nous assurer de cette adjonction musicale; car plusieurs pièces de théâtre hindoues, par exemple *Priyadarçikâ, Uttara-Râma-Caritra, Mâlavikâgni-*

1. « Il n'est plus possible de douter, dit M. Barth à propos du travail de M. Weber sur le *Mahâbhâṣya* (Ind. St. XIII) de l'existence d'une littérature dramatique assez développée dès l'époque de Patañjali [c'est-à-dire au moins dès la 2e moitié du IIe siècle avant J. C.]. Le spectacle était relevé par des danses et des chants; les sujets, à en juger par les exemples recueillis par M. Weber, étaient empruntés de préférence à la légende de Kriṣṇa, et ainsi se trouve confirmée, de la manière la plus brillante, la supposition de Lassen, que les origines du drame indien sont à chercher dans le culte de ce dieu, à peu près comme celles du drame grec se rattachent au culte de Bacchus. » *(Rev. Crit.*, 28 fév. 1874). — Voyez Lassen, *Indische Alterthumskunde*, t. II, p. 502, seqq. et comparez l'intéressante et érudite Dissertation du Dr Ernst Windisch : *Der Griechische Einfluss im indischen Drama.*

mitra, renferment, comme certaines de nos compositions modernes, de véritables représentations intercalaires, qui nous initient aux procédés habituels du théâtre, et à l'occasion desquelles nous prenons sur le fait tout l'attirail scénique des Hindous. Il y est question d'orchestres, de chants, de mimique et de danse ; la scène est encombrée d'instruments de musique, qu'une voix ordonne d'enlever à un moment donné, *(Uttara-Râma-Caritra,* acte VII).

La littérature épique nous offre, elle aussi, un certain nombre de peintures des représentations théâtrales données à l'occasion de fêtes ; ces descriptions renferment parfois une grande abondance de détails fort intéressants pour nous. C'est ainsi que nous assistons dans le *Harivamça* (152e *adhyâya* de l'édition de Calcutta, 1839), à de grandes réjouissances chez les habitants de Svapura, à l'occasion desquelles plusieurs représentations sont données par la troupe du faux acteur Bhadra.

Un concert véritable sert de prélude à la pièce choisie, « Le rendez-vous de Rambhâ » :

8687 « Ces descendants de Bhîma ont bientôt revêtu leur costume, et, sous leur déguisement d'acteurs, ces héros, habitués à des exploits terribles, entrent pour donner la représentation.

8688 Alors ils font retentir les cymbales, les instruments à vent accompagnés du bruit des tambours *muraja* et *anaka,* les divers instruments aux cordes sonores, aux notes harmonieuses.

8689 Alors les femmes de la race de Bhîma chantent l'air appelé *châlikya* sur le mode *gândhâra* usité chez les dieux, véritable ambroisie de l'oreille, charme à la fois de l'esprit et des sens.

8690 Elles chantent, dans l'échelle mélodique fondée sur le mode gândhâra, la « Descente du Gange », elles exécutent avec un ensemble parfait cet *âsârita,* combinaison d'agréables mélodies.

8691 Les Asuras subissent le charme de leur chant que

cadencent les *layas* et les *tâlas;* ils écoutent cette œuvre magnifique, la « Descente du Gange », ô descendant de Bharata, et, ravis, se lèvent à plusieurs reprises.

8692 Pradyumna, Gada et Çâmba le valeureux, qui font partie de la troupe exécutent la *nândî*.

8693 Cette « bénédiction » terminée, le fils de Rukmiṇî récite un *çloka* relatif à la « Descente du Gange », qu'il accompagne d'un jeu savant.

8694 Après quoi vint la représentation de la pièce « Les Entretiens amoureux de Rambhâ et du fils de Kuvera ». Çûra représentait Râvaṇa, Manovatî jouait le rôle de Rambhâ,

8695 Pradyumna faisait Nalakûbara, et Çâmba était son *vidûṡaka* [1]..... »

De plus, nous avons encore dans plusieurs drames, et notamment au quatrième acte d'*Urvaçî*, l'indication non seulement des formes métriques employées pour les diverses strophes, mais encore des termes techniques par lesquels on désignait chaque air [2].

Enfin, en l'absence même de toute autre indication, nous pourrions soupçonner l'importance que possède dans la contexture du drame hindou la partie musicale par ce seul fait que c'étaient, d'après la légende, les musiciens célestes et les nymphes du paradis d'Indra, les *gandharvas* et les *apsaras*, qui représentaient devant les dieux en fête les pro-

1. La traduction de ce passage du *Harivaṃça* est rendue difficile par le nombre de termes techniques encore inexpliqués qu'on y rencontre, tels que *châlikya*, *grâmarâga* (voir pourtant Haug: (*Ueber das Wesen and den Werth des wedischen Accents*, 1874, p. 59), *âsârita*, *viddha*, etc. Aussi l'interprétation de plusieurs de ces termes reste-t-elle douteuse. Nous corrigeons *tantrisvaraguṇair viddhân* avec le *Dict. de Saint-Pét.*, et *râvaṇa*. Notons enfin la forme insolite *âgândhâre* de l'édition de Calcutta.

2. A côté du quatrième acte d'*Urvaçi*, nous pouvons citer un véritable drame lyrique, le *Gîtagovinda* de Jayadeva, tout entier composé de chants. (Lassen *Ind. Alterth.*) — Comp. Benfey, article *Indien*, de l'*Encyclopédie d'Ersch et Grüber*, p. 283.

ductions dramatiques du *muni* Bharata ou du poète Vâlmîki [1].

Mais nous avons plus que des indices et des probabilités pour reconnaître au drame hindou son véritable caractère d'opéra mélo-dramatique. Nous pouvons appuyer notre opinion sur des faits et des textes précis. Bharata, dans son Traité sur le théâtre *(Nâṭyaçâstra)*, consacre six chapitres [2] (les 28e, 29e, 30e, 31e, 32e et 33e) à l'étude de la musique appliquée au drame. En outre, le 5e *adhyâya* est consacré tout entier à l'exposition des règles du *pûrvaranga*, à l'indication des nombreuses subdivisions de ce prélude-prologue, où dominent les diverses espèces de chants, la musique et la danse. Enfin, comme nous le verrons plus loin — de même que les théoriciens postérieurs rangeaient sous la dénomination générale de *saṃgîta* les lois concernant non seulement la musique, mais encore la danse, la mimique et l'exécution scénique proprement dite, — Bharata (XXVIII, 3, 6) comprend aussi le drame dans la règle de l'*âtodya* ou instrumentation musicale.

Cette prédilection des Hindous pour la musique donne à leurs compositions dramatiques un caractère particulier, et si nous avions à les rapprocher des œuvres de notre théâtre moderne, c'est l'opéra comique, ou une espèce de drame lyrique mêlé de dialogue et de chant, qui nous fournirait la comparaison la plus exacte.

N'en résulte-t-il pas que l'étude du seul texte de ces pièces ne nous en donne qu'une idée imparfaite? Pourrait-on initier, d'une manière même approximative, un étranger à nos représentations d'opéras, en lui mettant entre les mains le simple libretto? Les paroles ne sont elles pas le plus souvent un accessoire de pure harmonie sonore, par-

1. Voir *Vikrâmorvaçî* acte II, III; et *Uttara-Râma-Caritra* acte VII; ainsi que le *Nâṭya-Çâstra* de Bharata : *adhyâya*, I, *çl.* 24 et suiv. (inédit).

2. Dans le 17e *adhyâya* (le 19e d'après le ms. de G), Bharata touche déjà quelques points de la théorie musicale; il énumère les sept notes de la gamme, les trois organes producteurs des sons, etc.

fois même dépourvu de sens [1], et méritent-elles d'attirer toute notre attention, au détriment de la partie essentielle, de celle qui rend le mieux la pensée de l'auteur, de la partie musicale [2]?

1. « Le sinologue Davis, dans son Avant-propos à la traduction du *Laon-Sang-urh* ou « An heir in old age ». (Le vieillard héritier, Londres, 1817), remarque que les drames chinois se composent en partie de stances rimées, destinées à être chantées; puis il ajoute : « Le sens en est souvent fort obscur, et, de l'aveu des Chinois, leur but est avant tout de plaire à l'oreille : à cet effet, l'on néglige la signification, et, au besoin, on la sacrifie entièrement à l'harmonie ». En lisant cela, ne pense-t-on pas immédiatement à certains chœurs des tragédies grecques, dont le sens est si difficile à déchiffrer? » — (Schopenhauer. *Le monde comme volonté : De l'esthétique de la poésie*, p. 649, tome II de la trad. Cantacuzène).

2. « Puisqu'il est parfaitement établi que la musique, loin d'être un simple auxiliaire de la poésie, est un art indépendant, le plus puissant entre tous, et atteignant son but entièrement par ses propres ressources, il est certain également qu'elle peut se passer des paroles d'un chant, ou de l'action d'un opéra. La musique, en tant que musique, ne connaît que des sons, sans connaître les causes qui les produisent. En conséquence, la voix humaine aussi n'est pour elle, primitivement et essentiellement, autre chose qu'un son formulé comme celui de tout autre instrument, et possède, comme tout autre son, les avantages et les inconvénients spéciaux, résultant de l'instrument qui le produit. Il se trouve, dans le cas présent, que *ce même instrument peut servir, en outre, comme instrument du langage, à la communication des notions;* mais c'est là une circonstance accidentelle, dont la musique peut profiter accessoirement pour faire alliance avec la poésie, mais dont elle ne doit jamais faire la chose principale; jamais elle ne doit porter son attention exclusive sur le sens des vers, qui sont le plus souvent et même (ainsi que Diderot le donne à entendre dans le Neveu de Rameau) *qui sont nécessairement tout-à-fait insignifiants.* Les paroles sont et seront toujours pour la musique une addition étrangère, et d'une valeur subordonnée, car l'*effet des sons est incomparablement plus énergique, plus infaillible et plus prompt que celui des paroles : incorporées à la musique, elles ne doivent donc jamais vouloir primer, elles doivent se plier.*

« Le rapport est tout autre quand il s'agit de paroles données, chanson ou texte d'opéra, auxquelles on adapte une musique. Dans ce cas, l'art musical aura bien vite fait de nous montrer son pouvoir et sa supériorité; *il nous donnera l'interprétation la plus profonde, la plus parfaite et la plus cachée des sentiments exprimés par les paroles, ou des actions représentées par l'opéra : il nous dévoilera leur essence la plus réelle, et nous fera connaître l'âme même des situations et des événements dont la scène ne nous représente que l'enveloppe et le corps*........

« La raison, alors même qu'on parle devant elle la langue du sentiment, n'aime pas à rester entièrement inactive. Quoique la musique ait la faculté d'exprimer par ses seules ressources chaque sentiment, chaque émotion, l'addition des pa-

Est-ce à dire que nous puissions espérer reconstituer de toutes pièces un opéra hindou, texte et partition, autrement dit avec le chant, la musique et la danse? Assurément non. Mais si nous ne saurions restituer les productions musicales de l'Inde, ne devons-nous pas, à l'aide des nombreux traités existant sur la matière, essayer de comprendre dans ses traits essentiels la théorie musicale des Hindous et de nous rendre compte de la différence assez sensible qui existe entre leur façon d'entendre cet art et nos idées modernes.

On peut ajouter d'ailleurs que nous avons un moyen facile de nous représenter ce que devait être le drame hindou considéré dans l'intégrité de ses éléments. L'Inde est un des pays où les traditions se perpétuent avec le plus de fixité. Malgré les nombreuses invasions qu'eut à supporter ce pays aux diverses époques de l'histoire, et qui ont eu leur contre-coup obligé sur les mœurs, la littérature et les sciences, — grâce à la force de résistance et à la conservation de certaines écoles religieuses, grâce surtout à la renaissance littéraire du commencement de ce siècle, — nous pouvons saisir dans l'Inde, encore à l'heure actuelle, comme le reflet des cérémonies, des théories et des œuvres du passé.

Pour le drame notamment on signale *actuellement* au Bengale des représentations populaires, appelées *yâtras* [1]

roles nous donne en plus les objets de ces sentiments, les motifs de ces émotions. La partie musicale, la partition d'un opéra a une existence entièrement indépendante, séparée, et pour ainsi dire abstraite; elle n'a rien de commun avec l'action et les personnages du libretto, et elle suit ses règles spéciales et invariables : aussi produit-elle son plein effet, même sans le texte. *Mais comme cette musique a été composée en vue du drame, elle s'en est faite en quelque sorte l'âme ; par son union avec les évènements, les personnages et les paroles, elle est devenue l'expression de la signification intime de toute l'action et de la nécessité dernière et cachée de tous ces événements.* » (Schopenhauer, *Le monde comme volonté : De la métaphysique de la musique*, t. II de la trad. Cantacuzène pp. 678, seq.).

1. Voyez Wilson : *Chefs d'œuvre du théâtre indien*, trad. Langlois, I, préf. p. IX ; II, p. 390 — et surtout la thèse de Nisikânta Chattopâdhâya : *The yâtrâs, or the popular dramas of Bengal*, London, 1882.

Dans les provinces occidentales de l'Inde les yâtras sont remplacés par des

Ces pièces sont composées en bengali moderne, par des représentants de la classe instruite, sur certaines données du *Râmâyaṇa* et du *Mahâbhârata*, tout particulièrement sur des épisodes de la vie de Kṛiṣṇa, à l'imitation des drames sanskrits. Or, dans ces drames, les chants et l'élément lyrique tiennent la place principale : le dialogue — cette partie essentielle du drame — est souvent laissé à l'improvisation de l'artiste [1], ou écrit avec peu de soin et de développement, tandis que les vers, la musique, la mimique et la danse sont traités avec un souci tout particulier.

Nous croyons en avoir assez dit pour être autorisé à affirmer, en concluant, l'importance capitale de l'art musical parmi les productions des peuples aryens et particulièrement des Hindous, et pour justifier l'intérêt qui s'attache à son étude. Elle ne saurait, du moins sans inconvénients, être disjointe de l'étude générale du théâtre dont elle fait partie intégrante.

Mais la musique hindoue, pour nous en tenir à celle-là, est très peu connue en France. Si nous exceptons l'ouvrage bien ancien de La Fage, sur l'*Histoire générale de la musique et de la danse,* et les quelques chapitres de J. Fétis dans son *Histoire de la musique dans l'antiquité,* t. II, nous ne sachons pas qu'elle ait fait chez nous l'objet d'une étude approfondie. Le travail de Fétis n'est, comme on le comprend du reste, et ne pouvait être qu'un travail de seconde main. La connaissance des textes, les textes mêmes lui manquaient pour établir sa théorie de la musique hindoue. Aussi ne doit-on pas s'étonner si ses affirmations et ses conclusions sont si souvent sujettes à caution. Les seuls ouvrages qu'il avait à sa disposition, ceux de W. Jones, du capitaine Villard, d'Ouseley, de Paterson, etc. datent des

productions analogues, les *râsas,* sortes de ballets accompagnés de chansons et de gestes mesurés qui représentent également les aventures de Kṛiṣṇa ou de Râma (Wilson, *endroit cité;* — Lassen, *Ind. Alterth.* II, 504; IV, 815-16).

1. Comparez ce que dit Wilson d'un drame sanskrit de la fin du siècle dernier le *Citra-yajña* : ouvrage cité, t. II, p. 387.

commencements du siècle. A vrai dire la musique hindoue était à peu près lettre morte avant les remarquables publications du râja Surindro Mohun Tagore, et les études du râja Râm Dâs Sen, ces dernières écrites en bengali, et par cela même d'un abord difficile.

Les traités sur la matière ne manquent pas cependant, et, indépendamment de ses autres ouvrages, Mohun Tagore a fait beaucoup pour l'intelligence de son art de prédilection, en publiant une compilation d'anciens textes sanskrits sous le titre de « *Saṃgîta-Sâra-Saṃgraha* [1]. (Calcutta, 1875).

C'est dans le but de fournir aux spécialistes de nouveaux éléments d'appréciation que nous avons entrepris l'étude de la musique hindoue et la publication de textes inédits. Nous donnons aujourd'hui un des chapitres du Traité de Bharata sur le théâtre, en attendant la publication complète de l'ouvrage. Ce chapitre, le vingt-huitième, renferme la partie la plus importante de la théorie musicale des Hindous. La date de l'ouvrage est relativement ancienne. Bien que nous ne sachions encore rien de bien précis à cet égard, nous pouvons, sans trancher la question, admettre qu'elle se place au moins entre les deux derniers siècles avant l'ère chrétienne et les trois ou quatre siècles suivants. En tout cas l'ouvrage est bien antérieur à tous ceux dont nous connaissons l'existence sur la matière ; c'est dire quelle en est l'importance.

Notre travail devait avoir tout d'abord une extension bien plus considérable que celle que nous lui avons donnée finalement. Mais le défaut de place et les nécessités de la publi-

1. Une très intéressante et très utile *Revue*, la *Kâvya-mâlâ*, fondée depuis trois ans avec un plein succès à Bombay, par le propriétaire de la « Nirṇaya-Sâgara Press », et qui a déjà commencé à donner un choix d'ouvrages sanskrits, empruntés surtout à la littérature si riche et si peu connue encore du moyen-âge, annonce la publication prochaine de plusieurs Traités de Musique, parmi lesquels nous relevons le *Saṃgîta-darpaṇa* de Dâmodara, le *Saṃgîta-ratnâkara* de Çârṅgadeva, le *Saṃgîta-parijâta* de Aho-Bala (déjà édité par le paṇḍit Jîbânanda Vidyâsâgara. Calcutta, 1884), etc.

cation dans laquelle on a bien voulu l'accueillir nous obligent à réduire notre plan primitif.

Nous nous étions proposé de faire précéder la publication du texte de Bharata d'un *Essai sur la musique des Hindous :* nous y avions rassemblé la plupart des données recueillies sur le sujet, tant dans Bharata même que dans les autres textes sanskrits actuellement publiés, dans les ouvrages de Mohun Tagore, de Râm Dâs Sen et des auteurs européens

Cet Essai débutait par une *Partie historique et bibliographique;* puis venait une *Etude préliminaire sur la musique védique d'après les hymnes et la littérature exégétique.* Nous arrivions ensuite au cœur même du sujet, qui était l'*Exposé des éléments de la musique hindoue à l'époque classique;* et le point de départ de ce chapitre était l'*adhyâya* même de Bharata, dont nous complétions les données à l'aide des remarquables et très utiles publications de Mohun Tagore. Enfin, après un *Résumé sur certains points complémentaires de la théorie musicale,* traités plus à fond par Bharata dans les *adhyâyas* non encore dépouillés complètement, nous devions conclure en essayant de définir la nature de cette musique hindoue et d'indiquer quels rapports elle présente avec la musique occidentale.

Nous avons dû remettre à une date ultérieure l'exécution complète de ce plan, et nous borner à l'impression de ces quelques pages. Nous les considérons comme une amorce de l'Etude détaillée que nous espérons pouvoir faire paraître très prochainement.

En attendant, nous présentons aujourd'hui au lecteur le texte du 28e *adhyâya* du *Bhâratîya-Nâṭya-Çâstra.* Nous en donnons une interprétation parfois littérale, parfois considérablement réduite, ou même résumée, suivant les besoins, sous forme de tableau. Nous ne nous dissimulons pas la difficulté de la tâche et l'imperfection de l'œuvre. C'est une ébauche, et, nous en avons conscience, une ébauche imparfaite. Tel qu'il est cependant, ce travail pourra peut-être offrir quelque utilité. Notre principal but, en l'entreprenant, a été, nous l'avons déjà dit, de fournir de nouveaux éléments d'appréciation et d'études à ceux qu'une connaissance plus complète que la nôtre des phénomènes musicaux pourra mettre à même de traiter plus sûrement ces questions si délicates et si complexes de rhythme, de mesure, de nombre et d'harmonie.

REMARQUES PRÉLIMINAIRES

CONCERNANT L'ÉTABLISSEMENT DU TEXTE DU 28e ADHYAYÂ

Le texte du 28e *adhyâya* du *Bhâratîya-Nâṭya-Çâstra* a été établi d'après les deux manuscrits sanskrits déjà connus par les travaux de MM. Fitz-Edward Hall, Heymann et Paul Regnaud. Le premier, en caractères *devanâgaris,* sur papier indien appartient à M. Hall, le second, en caractères *granthas,* sur feuilles de palmier, est la propriété de l'*Asiatic Society* de Londres.

Nous les désignons, après M. Paul Regnaud, par les lettres A et G. [1]

Le texte de ce chapitre est en *çlokas* mélangés de prose

1. On doit à M. Fitz-Edward Hall, le savant indianiste bien connu, la publication des *adhyâyas* dix-huit, dix-neuf, vingt, et trente-quatre. Il en a donné le texte à la suite de son édition du *Daçarûpa (Bibliotheca Indica,* new series nos 12, 24 et 82. Calcutta, 1861-65).

M. W. Heymann a publié dans les *Nachrichten von der Kœnigl. Gesellschaft der Wissenschaften und der G. A. Universitœt zu Gœttingen* (25 février 1874, pages 86-107) une étude approfondie des mss. de Bharata : *Ueber Bharata's Nâṭyaçâstram,* à laquelle nous renvoyons le lecteur.

Les travaux de M. Paul Regnaud sur Bharata sont bien connus et justement appréciés. Il a publié successivement :

Le *dix-septième chapitre du Bhâratîyanâṭya-çâstra.* Paris, Leroux, 1880.

La *Métrique de Bharata,* texte sanskrit de deux chapitres du même ouvrage (seconde moitié du 15e et 16e chapitre). Paris, Leroux, 1880.

Enfin les *sixième et septième chapitres* à la suite de son ouvrage sur la *Rhétorique sanskrite* (Paris, *Leroux,* 1884), couronné par l'Académie des Inscriptions et Belles-Lettres.

C'est par l'entremise de M. Paul Regnaud que les manuscrits de M. F.-E. Hall et de l'*Asiatic Society* ont été laissés à notre disposition ; c'est grâce à ses leçons et à ses conseils incessants que nous avons pu entreprendre cette première publication.

et de vers *âryas*. L'état des deux manuscrits laisse beaucoup à désirer : les variantes sont nombreuses, les leçons diffèrent sensiblement en plus d'un endroit.

Le ms. G présente, en dehors de nombreuses divergences de détail, des déplacements importants coupés de lacunes, comparativement au texte de A. L'ordre des *çlokas* est interverti notamment du *çl.* 11 au *çl.* 21, du *çl.* 48 au *çl.* 54 ; enfin, à partir du *çloka* 78, le désordre est tel que nous avons dû, faute de pouvoir indiquer clairement en note les déplacements et les rapprochements, donner à part, jusqu'à la fin de l'*adhyâya,* le texte de G en appendice.

Nous constatons en outre des intercalations évidentes et des lacunes. Parmi les passages intercalés, nous signalerons les 4 *çlokas* 108-111 empruntés à A et qui manquent dans G. Rien n'annonce le développement en question, qui se termine, du reste, par un fragment de *pada,* suivi d'une lacune. Nous ferons la même observation pour les *çlokas* 39-40, pris cette fois dans G et qui font défaut dans A. Nous avons encore des raisons de croire à une lacune après le *çloka* 80 qui ne satisfait pas au développement annoncé.

Certaines répétitions de mots, de phrases entières, sont dues à l'inattention du copiste (par ex. dans A : les 4 hémistiches intercalés à l'intérieur du *çloka* 45, les quelques lignes de prose entre *çl.* 81 et 82 ; l'hém. 144 *a* répété après 145. — Dans G : les deux hém. 91 *b*, 92 *a*, les 3 hém. 91-93 intercalés *çl.* 134, et qui reviennent plus loin régulièrement, fondus en 2 hém,... etc.).

En plus d'un endroit, le mauvais état des mss., qui gardent des traces de remaniements évidents, rendent peu sûrs l'établissement du texte et son interprétation. Nous avons pris comme règle de mettre entre crochets les passages douteux. Nous avons dû, en outre, hasarder certaines restitutions : nous les avons réduites au strict nécessaire, et nous y avons procédé avec la plus grande réserve. En général, nous étions autorisé à les faire par les variantes qu'offrait l'un ou l'autre de nos mss. ; c'est parfois la grammaire, le mètre, parfois le sens qui nous ont guidé. Nous n'avons pas cru devoir justifier chaque fois ces corrections en note; mais chaque fois nous les signalons en donnant la leçon du ms. modifié.

Nous n'insisterons pas ici sur les remarques de détail que nécessiteraient nos manuscrits, pour lesquelles nous renvoyons à l'article de M. W. Heymann.

Il est cependant certaines observations que nous devons présenter brièvement car elles nous dispenseront de développer outre mesure les variantes. Elles portent toutes sur l'*adhyâya* que nous publions et concernent les particularités que nous avons relevées dans la méthode grammaticale et l'orthographe habituelles aux manuscrits.

Ils redoublent presque toutes les consonnes après *r* : ils écrivent par exemple : *karttavya*, *mûrcchanâ*.

Ils n'observent pas toujours les règles de transformation du *ṛ* voyelle en la semi-voyelle correspondante *r* après une autre voyelle [1], même dans les passages écrits en prose (A : p. 27, l. 19, 21; p. 29, l. 4; p. 30, l. 4, 11, 18; p. 31, l. 11. — G. : p. 28, l. 2, etc.). Dans les textes versifiés, notons que, indépendamment des nécessités du mètre, le fait se passe généralement à la fin d'un pada (*çl.* 22 *a*, 157 *b*, etc.), où les règles du *saṃdhi* ne sont pas toujours strictement appliquées (*câtra eko* 136, *caiva a*° 146 *b*.).

Enfin, nos mss. substituent ordinairement l'un et l'autre l'*anusvâra* aux différentes nasales devant presque toutes les muettes, même les dentales et les palatales.

Ex. : *mârddaṃgikaḥ* au lieu de *mârdaṅgikaḥ* (*çl.* 5 *a*);
gâṃdharvam au lieu de *gândharvam* (*çl.* 8 *b*);
vyaṃjanâni au lieu de *vyañjanâni* (*çl.* 16 *a*); etc.

Nous avons adopté pour tous ces cas la transcription généralement suivie, celle du *Sanskrit-Wörterbuch* de

1. Ce *saṃdhi* archaïque se constate fréquemment dans les mss. Voyez à ce sujet : Weber, *Ind. Studien*, VIII, p. 164; — Burnell, *The Arsheyabrâhmaṇa, Introd.* p. x.

MM. Böhtlingk et Roth. Nous n'indiquons pas en note les modifications de ce genre que nous faisons subir au texte de nos mss.

Il en est de même pour certaines habitudes particulières à G. Par exemple il conserve à peu près toujours la dentale sourde devant une sonore, à l'intérieur comme à la fin d'un mot : *tasmât gâṃdharvam* au lieu de *tasmâd gândharvam* (*çl.* 9 *b*); *ṡatja*, au lieu de *ṡaḍja*; etc.; sans s'astreindre à une méthode rigoureuse. Il fait subir encore aux sifflantes l'assimilation régressive, en restreignant l'emploi du *visarga* : *gâyanas saparigrahaḥ*, au lieu de *gâyanaḥ saparigrahaḥ* (*çl.* 4 a); *niççeṡaç çiçirakâle* au lieu de *niḥçeṡaḥ çiçirakâle* (*ârya* 36 *b*); *çuddhâṡ ṡatjagrâme* au lieu de *çuddhâḥ ṡaḍjagrâme*, etc. Il eût été trop long comme sans intérêt de signaler toutes ces variantes.

Nous pouvons noter rapidement quelques autres observations de moindre importance :

A présente quelques traces de prâkritisme : il écrit *sukhiram* pour *suṡiram* (*çl.* 1 *b*, 2 *b*); *khadja* pour *ṡaḍja* (p. 27, l. 16, etc.)

Il supprime parfois la consonne terminant un mot quand le mot suivant commence par cette même consonne : *ta jñeyam* pour *taj jñeyam* (*çl.* 8 *b*); *bhave nyâso* pour *bhaven nyâso* (*çl.* 124 *a*, 149 *a*).

Enfin il écrit généralement *patra* et non *pattra*; *tatva* et non *tattva*, etc.

G présente presque à chaque ligne des exemples de *â* correspondant, à l'intérieur ou à la fin des mots, à *ă* suivi de l'*anusvâra*; parfois c'est l'inverse qui a lieu (*ghanâ* pour *ghanaṃ*, *çl.* 1 *b*; *pâdabaṃgâç* pour *pâdabhâgaḥ*, *çl.* 20 *b*, etc.).

Il remplace très souvent *ç* par *g*, surtout après l'*anusvâra* : *vâṃgas* = *vaṃças* (*çl.* 10 a), *yatrâṃgas* = *yatrâṃçaḥ* (p. 27, l. 13), etc.

Si nous ne craignions de développer outre mesure ces remarques préliminaires, nous aurions à signaler encore certaines irrégularités relatives au mètre. On s'explique aisément quelques-unes de ces licences par la difficulté qu'il y avait de faire entrer dans le vers les longs mots techniques si fréquents dans ce chapitre, par exemple ceux qui désignent les *jâtis*.

Nous expliquons par ce fait l'instrumental fautif *ārṣābhībhyām*, et le nominatif *ārṣābhī*, qui présentent toujours dans nos âryas le second *a* long (çl. 52, 53 seqq.), alors qu'il est marqué bref dans les autres passages de l'*adhyâya*.

Les vers sont dans A séparés, sauf omission, par un trait vertical, sans numérotation. G sépare d'une façon très irrégulière. Quant aux passages en prose, A les partage ordinairement en phrases, mais le plus souvent à contre sens. G. n'observe à ce sujet aucune règle précise : le plus souvent il met les phrases, comme les vers, bout à bout. Nous n'indiquons pas toujours en note ces particularités [1].

Nous terminerons par quelques courtes indications concernant la disposition des variantes.

Nous avons suivi généralement la leçon de A, à moins que les variantes fournies par G ne présentâssent un texte plus complet ou plus explicite, — auquel cas les notes indiquent toujours la leçon de A. Ces variantes ont été reportées au bas de chaque page avec des numéros qui renvoient à la ligne correspondante du texte. A partir du *çloka* 78, nous avons dû, ainsi que nous l'avons expliqué déjà, reléguer en appendice le texte, numéroté par lignes, de G, auquel renvoient les notes du bas des pages. Nous lui avons conservé, — comme à nos autres variantes, — la forme barbare sous laquelle le manuscrit le donne. Cette méthode a peut-être l'avantage de donner la reproduction exacte de certaines parties de nos manuscrits, et de permettre ainsi de juger de leur état de conservation et de leur degré de correction.

1. Nous remarquons dans A, à la fin de l'*adhyâya*, une erreur de pagination. Le copiste donne à deux feuillets successifs le même numéro 144. Une glose marginale nous avertit, dans la seconde, de la méprise. La voici : *ekāṅkapattradvayam* (ms. °patra°) c'est-à-dire : « un même chiffre pour deux feuillets ».

BHÂRATÎYANÂṬYAÇÂSTRAM

[ATHÂŠṬÂVIṂÇATIMO'DHYÂYAḤ]

[*jâtilakšaṇo nâma* (A)]
[*âtodyavidhir nâma* (G)]

âtodyavidhim idânîṃ vakšyâmaḥ. tad yathâ.
tataṃ caivâvanaddhaṃ ca ghanaṃ suširam eva ca |
caturvidhaṃ tu vijñeyam âtodyaṃ lakšaṇânvitam || 1 ||
tataṃ tantrikṛtaṃ jñeyam avanaddhaṃ tu pauškaram |
ghanaṃ tâlas tu vijñeyaḥ suširo vaṃça eva ca || 2 ||
prayogas trividho hy ešâṃ vijñeyo nâṭakâçrayaḥ |
tataṃ caivâvanaddhaṃ ca tathâ nâṭyakṛtaç ca yaḥ || 3 ||
tate kutapavinyâso gâyanaḥ saparigrahaḥ |
vaipañciko vaiṇikaç ca vaṃçavâdas tathaiva ca || 4 ||
mârdaṅgikaḥ pâṇavikas tathâ dârduriko budhaiḥ |
avanaddhavidhâv ešaḥ kutapaḥ samudâhṛtaḥ || 5 ||
uttamâdhamamadhyâbhis tathâ prakṛtibhir yutaḥ |
kutapo nâṭyayoge tu nânâdeçasamâçrayaḥ || 6 ||

1 atodya A, G. vyâkhyâsyâmaḥ G. tad yathâ manque dans A. — 2 ghanâ G. sukhiram A. — 4 tatri° A. tantrigatâ G. uvanaddhaṃ G. — 5 tâlaṃ G. sukhiro A. vaṃça ucyate | G. — 7 tataç A. °avanaddhaç A. nâṭyakṛtâçrayaḥ | G. — 8 tataḥ A. kṛtapari° G. — 9 vaṃçavâdaka eva ca | G. — 10 pâṇavikaḥs A. dârdurikâ A. dârdariko° G. — 11 avanarddha G. eša kṛtapas G. — 12 yutaiḥ | G. — 13 °yogo'tra G.

evaṃ gîtaṃ ca vâdyaṃ ca nâṭyaṃ ca vividhâçrayam |
alâtacakrapratimaṃ kartavyaṃ nâṭyayoktṛbhiḥ || 7 ||
yat tu tantrîkṛtaṃ proktaṃ nânâtodyasamâçrayam |
gândharvam iti taj jñeyaṃ svaratâlapadâçrayam || 8 ||
atyartham iṣṭaṃ devânâṃ tathâ prîtikaraṃ punaḥ |
gandharvâṇâṃ ca yasmâd dhi tasmâd gândharvam ucyate || 9 ||
asya yonir bhaved gâtraṃ vîṇâ vaṃças tathaiva ca |
eteṣâṃ caiva vakṣyâmi vidhiṃ svarasamutthitam || 10 ||
gândharvaṃ trividhaṃ vidyât svaratâlapadâtmakam |
trividhasyâpi vakṣyâmi lakṣaṇaṃ karma caiva hi || 11 ||
dvyadhiṣṭhânâḥ svarâ vaiṇâḥ çârîrâç ca prakîrtitâḥ |
ubhâbhyâm api vakṣyâmi vidhânaṃ lakṣaṇânvitam || 12 ||
svarâ grâmau mûrchanâç ca nânâsthânâni vṛttayaḥ |
svanasâdhâraṇe varṇâ hy alaṃkârâḥ sadhâtavaḥ || 13 ||
çrutayo jâtayaç caiva vidhisvarasamâçrayâḥ |
dâravyâm samavâyo 'yaṃ vîṇâyâm samudâhṛtaḥ || 14 ||
svarâ grâmâv alaṃkârâ varṇâḥ sthânâni jâtayaḥ |
sâdhâraṇe ca çârîryâṃ vîṇâyâm eṣa saṃgrahaḥ || 15 ||
vyañjanâni svarâ varṇâḥ saṃdhayo 'tha vibhaktayaḥ |
nâmâkhyâtopasargâç ca nipâtâs taddhitâs tathâ || 16 ||
chandovidhânaṃ ca tathâ jñeyaḥ padagato vidhiḥ || 17 ||
anibaddhaṃ nibaddhaṃ ca dvividhaṃ tat padaṃ smṛtam |

1 evaṃ gânaṃ G. — 3 tantrigataṃ proktâ tad âtodyaº G. — 4 ta jñeyaṃ A. vijñeyaṃ G. padâtmakam | G. — 5 prîtikarâ G. — 6 gandharvâṇaṃm idaṃ yasmaṃt tasmât G. — 7 gânaṃ G. vâṅgas G. — 8 ºsamutthitâm | A. — 9-7 A partir d'ici G relativement à A présente des déplacements dans l'ordre des çlokas, et des variantes considérables. Nous indiquons d'après notre numérotation l'ordre de G ; les chiffres en italique s'appliquent aux lignes de la page suivante : 11, 12, 9, 10, 13, 14, (14 *bis*), 15, 16, 17, 18, *2*, *3*, *4*, *5*, *6*, 19, 20, 21, *7*. Le texte de cette énumération paraît du reste avoir subi dans A comme dans G des altérations. — 10 caiva karmabhiḥ | G. — 11 svarâḥ A. vyadhiṣṭhânâ surâ jñeyâ vaiṇâç çârîrakâç ca te | G. — 12 eteṣâṃ caiva A. vidhiṃ svarasamutthitam | G. — 13 svarâç ca çrutayo grâmo mûrchânâ sthânasaṃyutâḥ | G. 14 suṣkaṃ sâdhârano varṇo A. G consacre 2 hém. au même objet : svanaṃ sâdharaṇe caiva jâtayo 'ṣṭâdaçaiva ca | varnâç catvara eva syur alaṃkârâç ca dhâtavaḥ || — 15 vṛttayo jâtayaç caiva kṛṣṇaṃ karaṇam eva ca— G. — 16 dâvyâm G. hi svarâçrayaḥ | G. — 17 svaram A. varnâ A. svarâ grâmau tathâ sthânaṃ jâtyas sâdhâraṇakriyâm | G. — 18 alaṃkâraç ca varṇâç câ gîtayça ca çarîrajâḥ | G. — 20 nâmâvyoº G. kṛtaḥ | G. — 21 chando vṛtto nijâtyaç ca nityaṃ padagatâtmakâḥ | G. Le çl. 17 n'a plus qu'un hémistiche. — 22 manque dans G.

atas tâlagatasyâpi sampravakšyâmi vai dvijâḥ || 18 ||
âvâpas tv atha niškrâmo vikšepo 'tha praveçanam |
çamyâtâlaḥ samnipâtaḥ parivartaḥ savastukaḥ || 19 ||
mâtrâpramâṇabîjâni vidârî ca yatir layah |
gîtayo 'vayavâ mârgâḥ pâdabhâgâḥ sapâṇayaḥ || 20 ||
ity ekavimçako jñeyo vidhis tâlagato budhaiḥ |
gândharvasamgraho hy eša vistaraṃ tu nibodhata || 21 ||
tatra svarâḥ.
šaḍjaç ca ṛšabhaç caiva gândhâro madhyamas tathâ |
pañcamo dhaivataç caiva saptamaç ca nišâdavân || 22 ||
caturvidhatvam etešâṃ vijñeyaṃ çrutiyogataḥ
vâdî caivâtha saṃvâdî hy anuvâdî vivâdy api || 23 ||
tatra yo yatrâṃçaḥ sa tatra vâdî.

yayoç ca navatrayodaçakaṃ parasparataḥ çrutyantare tâv anyo'nyasaṃvâdinau.

yathâ. šaḍjapañcamâv ṛšabhadhaivatau gândhâranisâdavantau šaḍjamadhyamâv iti šaḍjagrâme.

madhyamagrâme'py evam eva šaḍjapañcamavarjyaṃ pañcamaršabhayoç câtra saṃvâda iti.

atra çlokaḥ.

saṃvâdo madhyamagrâme pañcamasyaršabhasya ca |
šaḍjagrâme ca šaḍjasya saṃvadaḥ pañcamasya ca || 24 ||
vivâdinas tu ye tešâṃ syâd vimçatikam antaram.
tad yathâ. ṛšabhagândhârau dhaivatanišâdau.

evaṃ vâdisaṃvâdivivâdišu sthâpitešu çešâ hy anuvâdinaḥ

1 manque dans G. — 2 âvâpas v atha G. vikṣepaç ca praveçakaḥ | G. — 3 sampâ° A. — 4 mâtrâ vidâry aṅgulayâ yatiḥ prakaraṇaṃ tathâ | G. — 5 pâdabhaṃgâç ca pâṇayaḥ | G. — 6 °viṃçatividhiṃ jñeyaṃ tâlagatam A. — 7 vistâraç ca G. — 9 śaḍjâpya corrigé en śaḍjâdya A. Le mètre exige ca ṛśabhaç. — 10 niśâdas sapta ca svarâḥ | G. — 11 nâṭyayoktṛbhiḥ | A. — 12 hy manque dans G. anuvâdî vivâdanau A. anuvâdyâ G. — 13 et 14 yatra yâṅgaspṛçatis tasya vâḍî dhanavanavakatrayodaça çrutyantare G. °antara A. — 15 anyo 'nyaṃ G. — 16 et 17 khaḍjapañcamau ṛ° A. °niśâdâvantau A. śaḍjagrâmo A. śaḍjamadhyamau śaḍjapañcamau ṛśabhadhai(ta)vatau gândhâraniśâdau śaḍjagrame G. — 18 madhyamagrâme omis par G. śaḍpañc° A. °varjî A. °varjyâ G. — 19 °ṛśabh° A. — 21 ṛśabh° A. — 22 vâ | A. — 23 vivâdanaṃ tu te yeśâṃ dviçrutisvaram antaram G. — 24 niśâdâv A. — 25 au lieu de evam, atrâpi A. çesâḥ anuvâda G. saṃjñakâḥ manque dans A, ainsi que toute l'énumération qui suit, jusqu'à vadanâd p. 28, l. 10.

samjñakâḥ.

yathâ. ṡaḍjasyarṡabhagândhâradhaivataniṡâdâḥ. ṛṡabhasyamadhyamapañcamaniṡâdâḥ. gândhârasyâpi madhyamapañcamadhaivatâḥ. madhyamasya dhaivatapañcamaniṡâdâḥ.pañcamasya dhaivataṡadjau. dhaivatasya ṡaḍjamadhyamapañcamâḥ ṡaḍjagrâme.

madhyamagrâme 'pi madhyamasya pañcamadhaivataniṡâdâḥ. pañcamasyarṡabhaṡaḍjagândhârâḥ. dhaivatasya ṡaḍjarṡabhagândhârâḥ. niṡâdasya ṡaḍjarṡabhagândhârâḥ.

vadanâd vâdî samvadanât samvâdî vivadanâd vivâdy anuvadanâd anuvâdîti.

eteṡâm ca svarâṇâm nyûnâdhikatvam tantrîvâdanadaṇḍendriyavaiguṇyâd upajâyate.

svaravidhânam etac catuḥprakâram iti.

atha grâmau.

ṡaḍjagrâmo madhyamagrâmaç ceti.

tatra vâ dvâvimçatiçrutayaḥ. yathâ.

tisro dve ca catasraç ca catasras tisra eva ca |
dve catasraç ca ṡaḍjâkhye grâme çrutinidarçanam || 25 ||

madhyamagrâme tu çrutyapakṛṡṭaḥ pañcamaḥ kâryaḥ.

pañcamaçrutyutkarṡâd apakarṡâd vâ yad antaram mârdavâd âyatatvâd vâ tat pramâṇaçrutiḥ.

nidarçanam tv âsâm abhivyâkhyâsyâmaḥ. yathâ.

[dve vîṇe tulyapramâṇatantryupavâdanadaṇḍamûrchane ṡaḍjagrâmâçrite kârye. tayor ekatarasyâm madhyamagrâmikîm kṛtvâ pañcamasyâpakarse çrutim tâm eva pañca-

2-9 m. dans A. ṡaḍjasya ṛṡa° G. — 3 madhyapañc° G. — 5 °ṡodau G. — 8 pañcamasya omis par G. — 9 ṡagja° G. — 10 vâdanât vâdî samvâdânât samvâdir vivâditvât vivâdî G. vivâdîti A. — 11 anuvâdanâd âonuvâdî G. omis dans A. — 12 ca manque dans G. ûnâ° G. °dhikatva A. tantryupa° G. vâdanam A. — 13 °guṇyad G. — 14 ity etat svaraviṛṇadhânam caturvidhâḥ G. — 15 et 16 atha dvau grâmau grâmau ṡaḍjo madhyamaç ceti G. — 17 atrâçcintâ A. tatrâ vâ G.— 18 ca omis après dve G. — 19 °khyo A. tu çrutidarç° G. — 20 çrutyacatuṡṭhuḥ G. — 21 pañcamasya çrutyutkarṡâbhyâm yad antaram G. anantaram A. — 22 mârdavâyatatvam tâvat pramâṇaçruti G. pramâṇâ° A. — 23 câsâm abhikhyâ° G. — 24 vîṇo A. °vâdanam A. daṇḍa manque dans G. — 25 et 26 mûrcchagrâme ṡaṭja° G. °gramâ° A. tayor anyataramadhyamanâmikim kuryât G. °karṡa G. çrutiḥ | A.

mavaçât šaḍjagrâmikîṃ kuryât. evaṃ çrutir apakṛšṭâ bhavati.

punar api tadvad evâpakaršâd gândhâranišâdavantâv itarasyâṃ dhaivataršabhau praviçato dviçrutyadhikatvât.

punas tadvad evâpakaršâd dhaivataršabhâv itarasyâṃ pañcamašaḍjau praviçataḥ çrutyadhikatvât.

tadvat punar apakṛšṭâyâṃ tasyâṃ pañcamamadhyamašaḍjâ itarasyâṃ madhyamagândhâranišâdavantaḥ pravekšyanti catuḥçrutyadhikatvât.]

evam anena çrutinidarçanena dvaigrâmikyo dvâviṃçatiçrutayaḥ pratyavagantavyâḥ.

atra çlokâ bhavanti.

šaḍjaç catuḥçrutir jñeya ṛšabhas triçrutis tathâ |
dviçrutiç caiva gândhâro madhyamaç ca catuḥçrutiḥ || 26 ||
catuḥçrutiḥ pañcamaḥ syâd dhaivatas triçrutis tathâ |
nišâdo dviçrutiç caiva šaḍjagrâme bhavanti hi || 27 ||
catuḥçrutis tu vijñeyo madhyamaḥ pañcamaḥ punaḥ |
triçrutir dhaivatas tu syât catuḥçrutika eva hi || 28 ||
nišâdašaḍjau vijñeyau dvicatuḥçrutisaṃbhavau |
ṛšabhas triçrutiç ca syâd gândhâro dviçrutis tathâ || 29 ||

antaranidarçanam api vyâkhyâtam.

atha mûrchanâḥ.

dvaigrâmikyaç caturdaça. yathâ.

âdâv uttaramandrâ syâd rajanî cottarâyatâ |

1 pañcamasya çrutyutkaršavaçât šaṭjagrâmikiṃ kuryât eta çrutir apatušṭâ...G. — 3 evapakaršayet yathâ A. evârakaršât G. °nišâdâv api G. — 4 itarasyâṃ pravekšyanti [lacune jusqu'après pravekšyanti, l. 8] G. °ršabho praviçataḥ dviçrutyâbhyadhi° A. — 5 °karšâdhvaivataršabhâdh A. — 8 A coupe la phrase après pravekšyanti. — 9 catuçrutyabhryadhi° G. — 10 çrutidarçanavidhânena G. dvaugrâmiko A. dvâviṃçâ çru° G. — 11 A et G coupent après çrutayaḥ | . pratyagant° G. — 12 atra çlokâḥ | (bhavanti manque) G. — 13 catuçruti G. triçrutismṛtaḥ G. — 14 câpi G. catuçru° G. — 15 catuçrutiḥ | G. pañcama A, G. syâ triçrutir dhaivataṃ G. — 16 dviçrutis tu nišâda syât G. svarântare | G. — 17-21 manquent dans A. 17 catuçru° G vijñeyâ G. — 18 catuçru° G. — 19 G écrit exceptionnellement ici šaḍjau. catuçru° G. — 20 trîçrutiç ca syât G. — 22 Nous coupons après mûrchanâ, en ajoutant le ḥ ; 22, 23 mûrcchanâṭye grâm° G. dvaigrâmikâç caiva... A. yathâ manque dans G. — 24 âdyâtyuttaramantrâkhyâ rajananî... G.

caturthâ çuddhašaḍjâ ca pañcamî matsarîkṛtâ || 30 ||
açvakrântâ tathâ šaṣṭhî saptamî câbhirudgatâ |
šaḍjagrâmâçritâ hy etâ vijñeyâḥ sapta mûrchanâḥ || 31 ||

âsâṃ šaḍjanišâdadhaivatapañcamamadhyamagândhârar-šabhâdyâḥ svarâ iti.

atha madhyamagrâme.

sauvîrî hariṇâçvâtha syât kalopanatâ tathâ |
çuddhamadhyâ tathâ caiva mârgî syât pauravî tathâ || 32 ||
hṛšyakâ ceti vijñeyâ saptamî dvijasattamâḥ |
madhyamagrâmajâ hy etâ vijñeyâḥ sapta mûrchanâḥ || 33 ||

âsâṃ madhyamagândhâraršabhašaḍjanišâdadhaivatapañcamâ ânupûrvâdyâḥ svarâḥ.

tatra šaḍjagrâme.

šaḍjenottaramandrâ nišâdena rajanî dhaivatenottarâyatâ pañcamena çuddhašaḍjâ madhyamena matsarîkṛtâ gândhâreṇâçvakrântaršabheṇâbhirudgatâ.

atha madhyamagrâme.

madhyamena sauvîrî gândhâreṇa hariṇâçvar abheṇa kalopanatâ šaḍjena çuddhamadhyamâ nišâdena mârgî dhaivatena pauravî pañcamena hṛšyaketi.

evam etâḥ prakramayuktâḥ.

pûrṇâḥ šâḍavâuḍavitîkṛtâḥ sâdhâraṇakṛtâç ceti caturvidhâç caturdaça mûrchanâḥ.

kramayuktâḥ svarâḥ sapta mûrchanâs tv abhisaṃjñitâḥ |
saṭpañcakasvarâs tâsâṃ šâḍavâuḍavitâḥ smṛtâḥ || 34 ||

1 caturvi° G. tu (au lieu de ca) G. — 2 tu šaṣṭhî syât G. — 3 hy aitâ A. hy manque dans G. — 4 gândhâra ¡° A. — 4, 5, 6 °gândhâraḥ ṛšabha šaṭjagrâme madhyamagrâme tu G. — 7 °çvâthâ A. hariṇâç ca syât | kalopapannata G. — 8 caturthi çuddhamadhyâ tu mârgavî... G. — 9 caiva vijñeyâs G. — 10 eto G. — 11 °šaḍjaṛšabha° A. gândhâro ṛšabhašaṭja(grâme madhyamagrâme tu) nišâdadhaivatapañcamâḥ | G. A coupe après pañcamâḥ. — 12-20 manquent dans G. — 12 °yâ svarâs A. — 14 aḍjanottottara A. caivateno° A. — 16 °çvâkrântâ ṛšabhenîbhir° A. — 18 °çvâ ṛ'abheṇâ kâlo° A. — 19 mârgî omis dans A. — 21 °yuktâ A. kramayutâḥ G. — 22, 23 pûrṇâ A. °kṛtâç caturdaça bhavaty api | A. šaṭpañcasvaragâ smṛtâḥ | sâḍavâuḍavita saṃjñitâḥ pûrṇâs sâdhâraṇakṛtâç... G. — 24 samûrcchanâsty abhisaṃjñitâ | A. svarâs sapta mûrcchanâs v abhi° G. — 25 °vitâ smṛtâḥ | A. tâsâ šoḍavâuḍavitâ smṛtâḥ | G.

sâdhâraṇakṛtâç caiva kâkalîsamalaṃkṛtâḥ |
antarasvarasaṃyuktâ mûrchanâ grâmayor dvayoḥ || 35 ||

?[dvividhaikamûrchanâsiddhiḥ.
tatra. dviçrutiprakarṡâd dhaivatîkṛte gândhâre mûrchanâ grâmayor anyatra.
ṡaḍjagrâme madhyamagrâme' pi dhaivatamârdavân niṡâdotkarṡâd dvaividhyaṃ bhavati.
tulyaçrutyantaratvâc ca saṃjñânyatvam.
catuḥçrutikam antaraṃ pañcamadhaivatayoḥ.
tadvad gândhârotkarṡâc catuḥçrutikam eva bhavati.
çeṡâç câpi madhyamapañcamadhaivataniṡâdaṡaḍjarṡabhâ madhyamâditvaṃ prâpnuvanti tulyaçrutyantaratvât.
antaradarçanam api çrutidarçane proktam.]
tatra mûrchanâsaṃçritâs tânâç caturaçîtiḥ.
tatra.ekonapañcâçat ṡaṭsvarâḥ pañcatriṃçat pañcasvarâḥ.
lakṡaṇaṃ tu ṡaṭsvarâṇâṃ saptavidham. yathâ.
ṡaḍjarṡabhapañcamaniṡâdahînâç catvâras tânâḥ ṡaḍjagrâme. madhyamagrâme tu ṡaḍjarṡabhagândhârahînâs trayas

1 caika A. °kṛtâm | G. — 2 antasvarasaṃyuktaṃ G. — 3-13 Passage évidemment corrompu. Notre texte est peu sûr. Aussi donnons-nous à part les leçons de A et de G.

Texte de A : dvividhaikamûrcchanâsiddhi çrutivaiprakarṡât | dhaivatîkṛte gândhâre mûrcchanâgrâmayor anyatra | ṡaḍjagrâme madhyamagrâme 'pi dhaivatamârdavân niṡâdotkarṡât dvaividhyaṃ bhavati | tulyaçrutyantatvâc ca saṃjñânyatvaṃ catuḥçrutikam antaraṃ pañcamadhaivatayos tad gândhârotkarṡâ catuḥçrutikam eva bhavati | çeṡaç copi madhyamapañcadhaivataniṡâdaṡaḍjarṡabhagândhâramadhyamapañcamatvaṃ prâpnuvanti | tulyaçrutis antârâtvâd anantaraṃ nirdarçati na proktam iti |

Texte de G : dvividhaikamûrcchanâsiddhis tatra dviçrutiprakarṡâd dhaivatîkṛtenagra gâḍâre mûrcchanâgrâmayor anyatvantatadvaçâ madhyamâdayo yathâ saṃkhyena niṡâdâdimatvaṃ pratipâdyante madhyamagrâme dhaivatadvaividhyaṃ bhavati tulyâ | çrutyaṅgare tvâc catuçrutyantaraṃ pañcamadhaivatayos tadvat gândhârotkarṡâc catuçrutikram antaraṃ bhavati çeṡâc câpi madhyamapañcamadhaivataniṡâdaṡaṭjarṡabhâ madhyamâditvaṃ prâpnuvanti | tulyaçrutyantaratvât antaradarçanam api çrutidarçane proktaṃ.

14 mûrchatâ° A. caturâçîti | A. °nâçrayâ sthânâç G. — 15 tatraiko° A, G. pañcatriṃçat pañcasvarâḥ manque dans A. — 16 ṡâṭjavânâṃ sapta vidhâ G. yathâ manque dans A.— 17 °niṡâdapañcama° G. catvâràs A. A et G coupent après tânâh. — 18 madhyamagrâme manque dans A. madhyâgrâme G. °hînâçrayâ sûyâs tânâḥ | G.

tânâḥ. evam ete sarvâsu mûrchanâsu kriyamâṇâ bhavanty ekonapañcâçat tânâḥ. pañcasvarâṇâm tu pañcavidham eva lakšaṇam. yathâ. šaḍjapañcamahînâ ṛšabhapañcamahînâ gândhâranišâdavaddhînâ iti trayas tânâḥ šaḍjagrâme. madhyamagrâme tu gândhâranišâdavaddhînâv ṛšabhadhaivatahînâv iti dvau tânau. evaṃ pañcasvarâḥ sarvâsu mûrchanâsu kriyamâṇâs tânâḥ pañcatriṃçad bhavanti. šaḍjagrâma ekaviṃçatir madhyamagrâme caturdaça. evam eta ekatra gamyamânâç caturacîtir bhavanti. dvividhâ tânakriyâ tantryâm. praveço nigrahaç ca. atra.praveço nâmâdharasvaraprakaršaṇâd uttaramârdavâc ca nigrahaç câsaṃsparçaḥ. madhyamasvarâsaṃsparçaḥ. madhyamasvareṇa tu vaiṇena mûrchanânirdeço bhavaty anâçitvât. madhyamasvarasya nigrahaḥ praveço vâ. itthaṃ prayoktuḥ çrotuḥ sukhârthaṃ tânamûrchanâtattvaṃ. mûrchanâprayojanam api sthânaprâptyarthaḥ. sthânam tu trividham pûrvoktalakšaṇaṃ kâkuvidhâv iti. sâdhâraṇavidhim idânîṃ vakšyâmaḥ. tatra. sâdhâraṇaṃ nâmântarasvaratâ. kasmât. dvayor antare yo'rtho bhavati sa sâdhâraṇaḥ.

1 evam ete višâḍabâsu mûrcchânâsu krî° G. — 2 tânâ A. — 3 yathâ manque dans A. — 4, 5 šaḍjapañcamahîna ṛšabhapañcamahînaḥ | gândhâranišâdavaddhînaḥ | iti šaḍjagrâmo... A. šatjapañcamahînaṃ... °hîno... nišâdahîna iti trayas tanoḥ šatjagrâme... G. — 6, 7 °dhînâḥ âršabhadhaivatahînety.., A. tu šatjadhaivatahîno nišâdagândhârahîna iti dvau tânâḥ | G. — 8, 9 pañcasvarâsu sarvâsu mûrchâ° G. tânâ A. tânâ šaṭttriṃçâ... G. — 10, 11 manquent dans A. šaṭjagrâme ekaviṃçatiḥ | G. °çitir G. — 12 dvividha° A. praveçân nigrahâs A. dvividhâṃ tânakriyâ praveço vigrahaç ca G. — 13, 14 tatra praveço nâmâdharaprakaršâd G. praveçanam adhara°... °mârdavâtva A. câsaṃsparço... (madhyamasvarâsaṃsparçaḥ manque) A. vinigrahas v asaṃsparçaḥ | madhyamasvaraṃ saṃsparçaḥ | G. — 15, 16 madhyâma° A. °nirdeçaḥ kâryaḥ madhyamasva tv anâçitvât nigrahaḥ | praveço vâ G. nigrahe parigrahe vâ | A. — 17 itthaṃtuḥ A. sukhârthan tânamûrcchanânâtatvaṃ... A. itthaṃ manque dans G, dont voici le texte : prayoktṛçrotṛsukhârthânâṃ tânânâṃ — 18 prâptyartha... A. prâptiḥ | (artha manque) G. — 19 ca au lieu de tu A. trividhaṃ | G. lakšaṇaṃ | A. °vidhâne... G. — 20 sâdhâraṇama vidhânam G. tatra m. dans G. — 21 sâdhâranâ nâmânûttarasvaratâ A. sâdhâraṇa nâmântarasvaratvât tasmâd G. — 22 vayor A. yad vayor asthaṃ tat sâdhâraṇaṃ G.

yathâ ṛtv antare.
châŷâsu bhavati çîtaṃ prasvedo bhavati câtapasthasya |
na ca nâgato vasanto na ca niḥçeṣaḥ çiçirakâlaḥ || 36 ||
iti kâlasâdhâraṇatâ.

dve sâdhâraṇe svarasâdhâraṇaṃ jâtisâdhâraṇaṃ ceti.
svarasâdhâraṇaṃ kâkalyantarasvarau. tatra. dviçrutiprakarṣaṇân niṣâdavân kâkalîsaṃjño niṣâdo na ṣaḍjo dvâbhyâm antarasvaratvât. sâdhâraṇatvaṃ pratipadyate.
evaṃ gândhâro'py antarasvarasaṃjño gândhâro na madhyamas tayor antarasvaratvât. ata eva svarasâdhâraṇam.
kasmân niṣâdaḥ kâkalîsaṃjñaḥ.
kalatvât kâkalî kaṣṭatvâd vâtisaukṣmyâd atha vâ kâkṣivat.
ubhayasambandhât kâkalîsaṃjñâya.
yathâ ṣaṇṇâṃ rasânâṃ madhye lavaṇaḥ kṣârasaṃj a
evaṃ niṣâdaḥ kâkalîsaṃjño gândhâraç cântarasaṃjño bhavati.
jâtisâdhâraṇam ekâṃçânâṃ viçeṣâj jâtînâṃ tu samavâyât.
pratyakṣeṇa saṃjña iti.
svarasâdhâraṇaṃ dvividhaṃ dvaigrâmikyam. kasmât.

1 ṛtv antare m. dans A. — 2 châyâsu prabh° A. chayâ bhavati | G. °svedo vâ G. — 3 vasantaḥ G. °kâla (iti) A. kâle (iti) G. — 4 sâdhâraṇaḥ | G. A ne coupe pas. — 5 dvi A. A indique d'abord le jâtisâdh°, puis le svara°. — A partir de 6, jusqu'à *6* p. 34, nos textes diffèrent sensiblement, surtout pour la disposition des phrases. Nous suivons G avec corrections, faites parfois d'après A, et reproduisons à part, tel quel, le passage correspondant de A.

yathâ nisâdaḥ kâkalîsaṃjño bhavati reṇâs tathâ jâtisâdhâraṇam ekâṃçânâṃ viçeṣâj jâtînâṃ tu samavâyât pratyakṣeṇa saṃjñâm iti svarasâdhâraṇam api dvividham | dvaigrâmikaṃ | kasmât sâdhâreṇâtra svaraviçesa iti ti | ṣaḍjasâdhâraṇam eva madhyame pi | sâdhâraṇatvam asya prayogasaukṣmyât kauçikam abhiniṣpadyate | atra câptopadeçasiddho niṣâdavân eva kâkalîsaṃjño bhavati | çatuçrutitvâc ca kâkalîsaṃjñaḥ kodṛcyata iti | yathâ hi ṣaṇṇâṃ rasânâṃm anyatamaḥ kṣarasaṃjñitaḥ | tathâ niṣâdaḥ kâkalîsaṃjño gândhâraç cântarasaṃjño bhavati | tasya câlpaniṣâdâsu jâtiṣu prayogo bhavaty api ca |

(Corrections de G :) 6, 7, 8 viçrutiprakarṣaṇâṃ niṣâdayaḥ | kâkalîsaṃjñena niṣâdena na ṣatjaḥ dvâbhyâṃ prâptopaktatvât... — 9... antasvarasaṃjñâḥ... madhyamaḥ... — 11 tasmân... — 12 °tvâd yâti atisaukṣyât... — 14 °saṃjñâ. — 15 °saṃjñâḥ sâdhâraṇasvaraç cântara°. — 17, 18 D'après A, G évidemment corrompu : jâtisâdhâraṇam ekagrâmâm açanâjñâtînaḥ jâtyor vâ anyasmin grâme pratyaṅgadarçanaṃ saṃsmaranâpagamât. — 19 dvividhâ.

šaḍjagrâme šaḍjasâdhâraṇam madhyamagrâme madhyamasâdhâraṇam. sâdhâraṇo'tra svaraviçeša iti. šaḍjasâdhâraṇam evam. madhyamagrâme'pi sâdhâraṇatvam. asya tu prayogasaukšmyât kaiçikam iti nâma nišpadyate. evaṃ svarasâdhâraṇam. asyâlpanišâdagândhârâsu jâtišu prayogaḥ.

atra çlokau.

antarasvarasaṃyogo nityam ârohisaṃçrayaḥ |
kâryaḥ svalpaviçešeṇa nâvarohî kadâ ca na || 37 ||
kriyamâṇo'varohî syâd alpo vâ yadi vâ bahuḥ |
jâtirâgaṃ çrutim caiva nayante tv antarasvarâḥ || 38 ||

jâtîr idânîṃ vakšyâmaḥ.

[svarasâdhâraṇagatâs tisro jñeyâs tu jâtayaḥ |
madhyamâ pañcamî caiva šaḍjamadhyâ tathaiva ca || 39 ||
âsâm aṅgâs tu vijñeyâḥ šaḍjamadhyamapañcamâḥ |
yathâ . . . . vyaktâ sâ pañcamî tathâ || 40 ||
jâtayo 'šṭâdaçety eva pûrvaṃ yâ gaditâ mayâ |
tâs tv ahaṃ vartayišyâmi nyâsâpanyâsasaṃyutâḥ || 41 ||
šâḍjî caivâršabhî caiva dhaivatî sanišâdinî |
šaḍjodîcyavatî caiva tathâ vai šaḍjakaiçikî || 42 ||
šaḍjamadhyâ tathâ caiva šaḍjagrâmasamâçrayâḥ |
ata ûrdhvaṃ pravakšyâmi madhyamagrâmasaṃçrayâḥ ||43||
gândhârî madhyamâ caiva gândhârodîcyavâ tathâ |
pañcamî raktagândhârî tathâ gândhârapañcamî || 44 ||

2 °viçešaḥ | iti šaṭsâdhâ°. — 3 'pi sâdhâraṇatvam (d'après A) m. dans G. — 7 atra çlokau m. dans G. — 8 atrasvara° G. — 9 kâryasvaraviçešeṇa A. kâryasvalpo viceše ṇa G. kâda ca nâ G.— 10 'varohî syâlpo G. bahu G. — 11 jâtirâga G. çrutim gîtan âçayed antarasvara iti | A.— 12 jâtimîm idânim G.—13-16 Interpolé dans G. M. dans A. — 14 šâḍjamadhyaṃ G.— 15 aṅgas tu vijñeyâ šaḍja° G. — 16 corrompu : yathâ spandaṇlataraṃ vyaktâ, etc.— 17-18 remplacent dans A les 4 hémistiches précédents. M. dans G. — 19 šaḍjî câ° A šatjâršabhî dhaivatî ca naišaṃdî ca tathâ parâ | G. — 20 šatjâdîcyavatî šaṭsakaiçîkî šatjamadhyamâṃ G. — 21 šatjagrâmâçrayâny etâ vijñeyâs saptajâtayaḥ | G. — 22 °saṃçrayâ G. — 23, 24, *1*, *2*, G dispose autrement les çlokas; voici le texte qu'il présente, avec ses incorrections :

gândhârî raktagândhârî gândhârodîcyavâ tathâ |
madhyamodîcyavâ caiva madhyamâ pañcamî tathâ ||
gândhârapañcamî cândhrî nanayanti tathâ parâ
karmâravî kaiçikî ca jñeyâs v ekâdaçâparâ ||

madhyamodîcyavâ caiva nandayantî tathaiva ca |
karmâravî ca vijñeyâ tathândhrî kaiçikî tathâ || 45 ||
etâsâm aṣṭâdaçânâm sapta svarâkhyâḥ.
tâç ca dvividhâḥ. çuddhâ vikṛtâç ca.
tatra çuddhâḥ.
ṣaḍjagrâme ṣâdjy ârṣabhî dhaivatî niṣâdavatî ca.
gândhârî madhyamâ pañcamî ceti madhyamagrâme.
çuddhâ anyûnasvarâḥ svarâmçagrahanyâsâḥ.
eṣâm anyatamena dvâbhyâm bahubhir vâpi lakṣaṇair vikriyâm upagatâ nyâsavarjam vikṛtasaṃjñâ bhavanti.
tena tâ eva çuddhâs tâ eva ca vikṛtâḥ.
nyâsavidhâv apy âsâm mandro niyamâd bhavati çuddhâsu vikṛtâsv aniyamât.
tatraikâdaça samsargajâ vikṛtâḥ.
parasparam samyogâd ekâdaça nirvartayanti. yathâ.
çuddhâ vikṛtâç caiva hi samavâyâj jâtayas tu jâyante |
tâ eva çuddhavikṛtâ bhavanti caikâdaçânyâs tu || 46 ||
tâsâm yâ nirvṛttâ svareṣv athâmçeṣu jâtiṣu ca jâtiḥ |
tâm vakṣyâmi yathâvat samkṣepeṇa krameṇeha || 47 ||
syât ṣaḍjamadhyamâbhyâm nirvṛttâ ṣaḍjamadhyamâ jâtiḥ |

Entre 1 et 2, A intercale le passage suivant qui revient à sa place, p. 36, l. 1-4:
jâtînâm gândhârî ṣaḍjîbhyâm samyogât ṣaḍjakaiçikî câpi |
gândhârî ṣâḍjîbhyâm caiva svac caiva samgamâṣṭa ca |
ṣaḍjodîcyavatî caiva jñeyâ sâ namato jâtiḥ |
ṣâdjî gândhârî madhyamodîcyavâ

2 karmaravî A. — 3 svarakhyâs A. sapta svarâḥ | nâmadheyâḥ | G. — 4 saptasvarâ jâtayo dvividhâç G. — 6 ṣâḍjî A. ṣâḍjî arṣabhî sadhaiv° G. ca manque dans G. — 7 madhyâmâ A. ceti manque dans G. — 8 ete anyûna° A. grâha A. svaramgrahasyâsapanyâsâḥ | G. — 9 ebhyo'nyatame G. vâ lakṣaṇer G. — 10 mupagâ nyâsa° G. °gatâḥ nyasâ A. vikṛtam A. bhavanti manque dans G. — 11 manque dans G. — 12, 13, âsâ G. niyamâc chuddhaḥ svavikṛtâsv aniyamaḥ | A. aniyamâḥ G. — 14 tatraikadeço jâtayo vikṛtâḥ | G. A coupe la phrase non avant, mais après parasparam. — 15 paraspara G. ekâdeçâm nivart° G. — 16 samavâyâm G. — 17 punar eva A. °daçanyâs G. — 18 nirvṛttâm careṣv G. jâtir G.— 19 vakṣyâmi | yathâ samkṣepeṇa krameṇa haryât G.— 20 syât manque dans G. A coupe après syât | . ṣaḍji° G. ṣâḍjî° semblerait être la bonne leçon, mais détruirait le mètre. nivṛttam G. °madhyamâj A. madhyamaḥ jâti G.

gândhârîṣâḍjîbhyâm samyogât ṣaḍjakaiçikî vâpi || 48 ||
ṣâḍjîgândhârîbhyâṃ dhaivatyâç câpi yâ viniṣpannâ |
saṃsargâd vijñeyâ sâ ṣaḍjodîcyavâ jâtiḥ || 49 ||
ṣâḍjîgândhârî pañcamî tathâ dhaivatî ca khalu jâtiḥ |
gândhârodîcyavatîm jâtiṃ nirvartayanty etâḥ || 50 || [vatyâ |
gândhârapañcamâbhyâṃ madhyamayâ viracitâ ca dhai-
jâtis tu madhyamodîcyaveti sadbhiḥ sadâ jñeyâ || 51 ||
gândhârîpañcamyoḥ saptamyâç caiva raktagândhârî |
gândhâryârṣabhîbhyâm ândhrî saṃjâyate jâtiḥ || 52 ||
yonis tu nandayantyâs tv ârṣabhî pañcamî sagândhârî |
karmâravîṃ niṣâdî sârṣabhî pañcamî kuryuḥ || 53 ||
gândhârîpañcamyor yogâd gândhârapañcamî jâtiḥ |
dhaivatyârṣabhîbhyâṃ hînâṃ khalu kaiçikîṃ kuryuḥ || 54 ||
evaṃ parasparotpannâ vijñeyâ jâtayo budhaiḥ |
pṛthaglakṣaṇasaṃyuktâ dvaigrâmikyaḥ svarâçrayâḥ || 55 ||

De 1 à 14, G présente des lacunes, des déplacements nombreux comparativement à A. En voici le texte avec les incorrections :

ṣâḍjî gândhâribhyâṃ dhaivatyâç câpi yâ viniṣpannâ
çaṃsargâd(vâ) vijñeyâ sâ ṣaḍjodicyavâ jâtir
vâḍjigândhârîbhyâṃ ṣabhrutâṣ ṣaḍjakaiçikî jâtiḥ
ṣâḍjigândhâribhyâṃ saṃbhṛtâṣ ṣaḍjakaiçikî jâtiḥ
ṣâḍjîgândhârîbhyâṃ dhaivatyâç câpi madhyamâyâç ca
gândhârodîcyavâ syât nirvṛtto nâmato jâtiḥ
gândhârîpañcamîm adakṣyâṃ caiva nandayantî tu
gândhârîpañcamâbhyâṃ jâtâ gatâ gândhârîpañcamî jâtiḥ |
naiṣâdyârṣabhîbhyâṃ pañcamyâṃ caisava saṃsargât
karmâraṣiti nâmnâ jâtiḥ pûrnâç vidalati ceyam
dhaivatyârṣabhîhînâ bañcâbhyâṃ kaiçikiḥ kuryuḥ |

1 ṣaḍjâbhyâṃ A. D'après A, l'ârya appartiendrait au mètre gîti, formé de deux longs vers de 30 brèves. — 2 et 3 texte de G ; le texte de A est fautif :

gândhârîṣâḍjîbhyâṃ dhaivatyâç caiva saṃgamât tu |
ṣaḍjodîcyavatî jñeyâ sâ nâmato jâtiḥ

4 le texte de A est altéré, mal coupé : la césure ne tombe pas après le 3e pied ; de plus, nous corrigeons caiva en ca. pañcamâ | A. — 6 gândhârîpañcamî° paraît être la bonne leçon, mais détruit le mètre. ca manque au ms. ; le vers n'est pas coupé. — 7 césure après le 4e pied. °dîcyavyeti A. — 8 saptamyâsaiva A. — 9 ârṣabhâ° A, le mètre exigerait ârṣâbhî°. — 10 ici encore il faudrait ârṣâ°. — 11 kârmâravî A. le mètre demanderait encore sârṣâ°. pañcamîṃ kuryu (non coupé) A. — 13 dhaivatyârthabhâ° A ; il faudrait ârṣâ°. — 14 evaṃ vam A. evaṃ parasparo° répété G. °lpannâ hy otâs tu jâtayaḥ (budhaiḥ omis) G. — 15 °grâmikya G.

âbhyaç catasro niyamâj jñeyâḥ saptasvarâ budhaiḥ |
dâça pañcasvarâ jñeyâç catasraç caiva šaṭsvarâḥ || 56 ||
madhyamodîcyavâ caiva tathâ ca šaḍjakaiçikî ||
karmâravî ca sampûrṇâs tathâ gândhârapañcamî || 57 ||
šâdjy ândhrî nandayantî ca gândhârodîcyavâ tathâ |
catasraḥ šaṭsvarâḥ çešâḥ pañcavastusvarâ daça || 58 ||
nišâdiny âršabhî caiva dhaivatî šaḍjamadhyamâ |
šaḍjodîcyavatî caiva pañca šaḍjâçritâḥ smṛtâḥ || 59 ||
gândhârî raktagândhârî madhyamâ pañcamî tathâ |
kaiçikî caiva pañcaitâ madhyamagrâmasaṃçrayâḥ || 60 ||
yâs tâḥ pañcasvarâḥ proktâ yâç caitâḥ šaṭsvarâḥ smṛtâḥ |
kadâ cid auḍavîbhûtâḥ kadâ cit šâḍavîkṛtâḥ || 61 ||
šaḍjagrâme tu sampûrṇâ vijñeyâ šaḍjakaiçikî |
šaṭsvarâ caiva vijñeyâ šâdjî vai gânayoktṛbhiḥ || 62 ||
sampûrṇâ madhyamagrâme jñeyâ karmâravî budhaiḥ |
gândhârapañcamî caiva madhyamodîcyavâ tathâ || 63 ||
punaç ca šaṭsvarâ jñeyâ gândhârodîcyavâ budhaiḥ |
ândhrî ca nandayantî ca madhyamagrâmasaṃçrayâḥ ||64||
evam etâ budhair jñeyâ dvaigrâmikyaç ca jâtayaḥ |
ata ûrdhvaṃ pravakšyâmi tâsâm aṃçavikalpanam || 65 ||
šâṭsvarî saptame tv aṃçe nešyate šaḍjamadhyamâ |
saṃvâdilopâd gândhâras tatraiva na bhavišyati || 66 ||
gândhârîraktagândhârîkaiçikînâṃ tu pañcamaḥ |

1 âdyaç G. niyamâ jñeyâ A. niyamât jñeyâts G. — 3 °dîcyavâṃ A. °dîcyabî G. ca manque dans A et G. °kaiçikîṃ G. Ni A ni G ne coupent. — 4 °ravî va A. °ravîti G. sampûrṇâ A, G. — 5, 6 manquent dans G. 5 °andhrî A. — 7 et 8 placées après 9 et 10 dans G. 7 nišâdaty A. âršabhî dhaivatî caiva naišâdî G. — 8 šadjâçritâ A. šaḍjagrâmasamâçrayâḥ | G. — 9 gândhârâ A. — 10 ceti vijñeyâ pañcaitâ madhyamâçrayâḥ | G.

A la suite du çloka 59, placé après 60, G, au lieu des 4 çlokas 61-64 de A, en présente 2 dans l'ordre suivant :

pañcasvarâ daçaitâç ca jâtayo nityam eva hi |
gândhârodîcyavâ caiva nandayantî tathaiva ca |
madhyamagrâmasaṃbhûtâš šaṭsvarâs tisra eva tu |
šaṭjagrâme tu vijñeyâ saṃpûrṇâ šaṭjakaiçikî |

11 prokta A. caitâ šaṭsvarâ A. — 14 šaḍjya vai kâna° A. — 18 nadayantî A. — 19 budhai G. °grâmikyopajâtayaḥ | A. — 20 aṅga° G.— 21 šaṭsvarî A. šaṭsvarye saptamâṅgâ tu G. °dhyamâḥ | G. — 22 saṃvâdilopo gândhâro tadvad eva hi neyate | A. saṃvâdyalobhât G. — 23 pañcamî | A.

ṣâḍjâyâṃ caiva gândhâram anaṃçaṃ viddhi ṣâḍave || 67 ||
ṣaḍjodîcyavatyâç caiva dhaivatâṃçe na ṣâḍavam |
saṃvâdilopât saptaitâḥ ṣâṭsvarye tu vivarjitâḥ || 68 ||
gândhârîraktagândhâryoḥ ṣaḍjamadhyamapañcamâḥ |
saptamaç caiva vijñeyâ yeṣu câuḍavitaṃ bhavet || 69 ||
dvau ṣaḍjamadhyamâṃçau tu gândhâro'tha niṣâdavân |
ṛṣabhaç caiva pañcamyâṃ kaiçikyâṃ caiva dhaivataḥ || 70 ||
evaṃ hi dvâdaçaite syur varjyâḥ pañcasvare sadâ |
yâs tv anauḍavitâ nityaṃ kartavyâ jâtayo budhaiḥ || 71 ||
sarvasvarâṇâṃ nâças tu vihitas tv atha jâtiṣu |
na madhyamasya nâças tu kartavyo hi kadâ ca na || 72 ||
saptasvarâṇâṃ pravaro hy anâçî caiva madhyamaḥ |
gândharvakalpe vihitaḥ sâmagair api madhyamaḥ || 73 ||
daçavidhaṃ jâtilakṣaṇam.
grahâṃçau târamandrau ca nyâso'panyâsa eva ca |
alpatvaṃ ca bahutvaṃ ca ṣâḍavâuḍavite tathâ || 74 ||
atha grahâḥ.
grahâs tu sarvajâtînâm aṃçavat parikîrtitâḥ |
yaḥ pravṛttau bhaved aṃçaḥ so'ṃço grahavikalpitaḥ || 75
tatrâṃço nâma.
? [râgaç ca yasmin vasati yasmâc caiva pravartate |

1 ṣatjârâç caiva gândhârâm aṅgaṃ ṣaṭbâḍave viduḥ | G.— 2 ṣaḍjodîcyavatî caiva tâṃçe. A. ṣâḍave dhaivato nâsti ṣaḍjodîcyaviyogataḥ | G. — 3 saptaite G. ṣaṭsvarthena A. ṣaṭsvarye G. — 4 °raktagândhâryâḥ A et G. ṣṣaḍjapañcamamadhyamâḥ | G. — 5 caivo A. saniṣâdaç ca G. noḍuvite ime | G. — 6 ṣaḍjî° G. °âṅge tu G. 'th ṛ.ṣedavân | G. — 7 pañcamyâ G. — 8 ca dvâdaçeve te varṇyâḥ G. tadâ | G. — 9 etâs tu noḍubâ G. anauḍuviṭâ A. hi sadâ budhaiḥ | A. — 10 vihito'pi nâçasv G. — 11 madhyamasthâpi G. na (au lieu de hi) G. — 12 sarva° G. hy avinâçi tu G. °mâḥ | A.— 13 'bhimatas sâmaç cai maharṣibhiḥ | G. — 15 grahâçau A °âṅgau G.— 17 manque dans G.— 18 grahas G. aṃça eva hi kîrtitâ | G. — 19 yat A. soço A. yaṃ pravṛttaṃ bhavet gânaṃ so'ṅgo... G. grahavivarjitaḥ | A. — 21-5 Corrections peu sûres, le texte présente des altérations nombreuses et des traces de remaniements. 21 yasmiṃ vasati râgas tu G. °vartane G. — Suit dans A et G un vers supprimé au texte comme faisant double emploi avec la leçon adoptée de G. Le voici dans les 2 mss. :

(A) tenâvatâramandrâṇâṃ yo' tyarthaṃ copalabhyate |
(G) tanetâcatâramandrâṇâṃ yo' tyarthaṃm apalabhyate |

mandratâravišayâ ca pañcasvaraparâgatiḥ || 76 ||
anekasvarasaṃyoge yo'tyartham upalabhyate |
anyac ca balino yasya saṃvâdî cânuvâdy api || 77 ||
grahâpanyâsavinyâsanyâsasaṃnyâsagocaraḥ |
paricâryaḥ sthito yas tu so'ṃçaḥ syâd daçalakšaṇaḥ || 78 ||
pañcasvaraparâ târagatir. yathâ.
aṃçât târagatiṃ vindyâd â caturthasvarâd iha |
â pañcamât pañcamâd vâ nâtaḥ param ihešyate || 79 ||
trividhâ mandragatiḥ.
aṃçaparâ nyâsaparâ apanyâsaparâ ceti.
mandras tv aṃçaparo nâsti nyâse tu dvau vyavasthitau |
gândhâre nyâsalinge tu dṛšṭam ṛšabhadhaivataṃ || 80 ||
atha nyâsaḥ. ekaviṃçatividho hy angasamâptau.
tadvad apanyâso 'py angamadhye šaṭpañcâçatsaṃkhyaḥ.
yathâ.
nyâso hy angasamâptau sa caikaviṃçatividho vidhâtavyaḥ |
šaṭpañcâçatsaṃkhyo 'ngamadhye 'panyâsa eva syât || 81 ||
? [dvividham alpatvaṃ langhanâd anabhyâsâc ca.

1, 2, 3 manquent dans A. 1 mandraṃ ca târavišayâ G. balino (peut-être pour vâdino) yac ca G. — 4 graho G. nyâsa omis dans G. sanyâsa A et G. — 5 paridhâvaç ca yaç ceha A. parivâryasthito yas tu so'nga G. — 6 A partir d'ici et jusqu'à la fin de l'adhyâya le texte de G présente des variantes, des lacunes et des déplacements si considérables, que nous le reléguons en appendice, dans le but de faciliter les rapprochements ; nous nous bornerons à renvoyer pour chaque vers au numéro correspondant du texte de G. — 6 (G 41). — 7 (G 42) aṃçât taragatim A. — G fait suivre cet hém. du suivant :

pañcamaṃ hy athâgacchet tato' ngavihitaṃ tv iha.

8 (G 44) pañcamâd yâ nânaḥ A. — 9 (G 45) dvividhâ A °gatir... A. — 10 (G 46) Nous séparons avec A °parâ apa°. — 11 (G 47) aṃçât paro A. — 12 (G 48) âršebhasevanam | A. Texte incertain, lacune probable. — 13 (G 52) nyâsa... A. — 14 (G 53) aparanyâso A. aṃçamadhye A. — 15, 16, 17 manquent dans G. — 17 (restitué) ...samkhyo yathâ | khyo bhaved apanyâsa eva syât | A. — 18-*4* (G 31-36) Passage corrompu. Le texte que nous donnons d'après l'un et l'autre ms. est bien peu sûr :

Texte de A : dvividham alpatvaṃ langhanâd anabhyâsâc ca | tatra šâḍavâuḍavitakaraṇatvam aṃçânâṃ gîtânâm antaramârgam upagatânâṃ svarâṇâṃ langhanâd abhyâsâc ca tatra šâḍavâuḍavitakaraṇom aṃçânâṃ gîtânâm antaramârgam upagatânâṃ svarâṇâṃ abhyâsâc coccaraṇam |

Texte de G : dvividham alpatvaṃ langhanâd aubhyâs sâc ca gîtântaramârgam upâgatânâṃ šâḍavâudhavitakaraṇâṇâm angânâṃ ca svarâṇâṇâṃ langhanâd anabhyâsâc ca sakṛd uccâraṇaṃ yathâjâti tadvat bahutvam alpatvavicaryayât dvividham evânyešâm api balinâṃ saṃcâraḥ...

tatra šâḍavâuḍavitakaraṇatvam aṃçânâm gîtânâm antaramârgam upagatânâṃ svarâṇâṃ laṅghanâd anabhyâsâc ca sakṛd uccâraṇam yathâjâti. tadvad bahutvam alpatvaviparyayâd dvividham evânyešâm api balinâṃ saṃcâraḥ.

alpatve ca bahutve ça tathâ pûrvaviniçcayât |
jâtisvarais tu nityaṃ syâj jâtyalpatvaṃ dvidhâ ca tat || 82 ||
saṃcâro'ṃçabalasthânâm alpatvaṃ durbalâsu ca |
dvividhântaramârgas tu jâtînâṃ vyaktikârakaḥ || 83 ||

šaṭsvaram šâḍavitaṃ caturdaçavidhaṃ saptacatvâriṃçatprakâram. pûrvoktavidhânaṃ yathâjâtyaṃçaprakârair iti.

pañcasvaram auḍavitaṃ vijñeyaṃ daçavidhaṃ prayogajñaiḥ |
triṃçatprakâravihitaṃ pûrvoktaṃ lakšaṇaṃ tv asya || 84 ||
šaṭsvarasya prayogo'sti tathâ pañcasvarasya ca |
catuḥsvaraprayogo'sti hy avakṛšṭadhruvâsv atha || 85 ||
dvaigrâmikînâṃ jâtînâṃ sarvâsâm api nityaçaḥ |
trišašṭir aṃçâ vijñeyâs tâsâṃ caiva tathâ grahâḥ || 86 ||

aṃçagrahân idânîṃ vyâkhyâsyâmaḥ. tatra.

madhyamodîcyavâyâs tu nandayantyâs tathaiva ca |
tathâ gândhârapañcamyâḥ pañcamo'ṃço grahas tathâ || 87 ||
dhaivatyâç ca tathaivâṃçau vijñeyau dhaivataršabhau |
pañcamyâs tu grahâv aṃçau bhavataḥ pañcamaršabhau |
gândhârodîcyavâyâs tu grahâṃçau šaḍjamadhyamau | 88 ||
âršabhyâṃ tu nišâdas tu tathâ caršabhadhaivatau |
nišâdyâṃ ca nišâdas tu gândhâraç caršabhas tathâ || 89 ||
tathâ ca šaḍjakaiçikyâṃ šaḍjagândhârapañcamâḥ |
tisṛṇâm api jâtînâṃ grahâs tv aṃçâç ca kîrtitâḥ || 90 ||
šaḍjaç ca madhyamaç caiva nišâdo dhaivatas tathâ |

5 (G 37). — 6 (G 38) jâtiḥ svarais A. — 7 (G 39). — 8 (G 40). — 9 (m. dans G) šaṭśvaraṃ śâṃḍavantac A. — 10 (m. dans G). — 11 (m. dans G) auḍuvitaṃ A. — 12 (G 49) tv asyâḥ | A. — 13 (G 50). — 14 (G 51) hy aṃvakṛśṭha° A. — 15 (G 1). — 16 (G 2) caivâṃçasaṃgrahaḥ A. texte adopté : celui de G. — 17 (G 3) °grâhân A. — 18, 19, 20, 21 (manquent dans G). — 21 pañcamyâ A. — 22 (G 4). — 23 (G 5) arś° A. cârś° A. — 24 (G 6) cârś° A. — 25 (G 7). — 26 (G 8). — 27 (G 9).

šaḍjodīcyavatījater grahâs tv aṃçâç ca kīrtitâḥ || 91 ||
pañcamenaršabhaç caiva nišâdo dhaivatas tathâ |
karmâravyâ budhair aṃçâ grahâç ca parikīrtitâḥ || 92 ||
gândhâraç caršabhaç caiva pañcamo' tha nišâdavân |
catvâro' mçâ bhavanty ândhryâ grahâç caite tathaiva hi ||93||
ṛšabhaç caiva šaḍjaç ca madhyamaḥ pañcamas tathâ |
madhyamâyâ grahâ jñeyâ aṃçâç caiva sadhaivataḥ || 94 ||
nišâdašaḍjagândhârâ madhyamaḥ pañcamas tathâ |
gândhârīraktagândhâryor grahâṃçâḥ parikīrtitâḥ || 95 ||
šâḍjâyâ šaḍjagândhârau madhyamaḥ pañcamas tathâ |
dhaivataç câpi vijñeyâ grahâç câṃçâḥ prakīrtitâḥ || 96 ||
kaiçikyâṃ caršabhahīnâ grahâṃçâḥ šaṭsvarâḥ smṛtâḥ |
sarvasvaragrahâṃçâ ca vijñeyâ šaḍjamadhyamâ || 97 ||
evaṃ trišašṭir vijñeyâ grahâç câṃçâç ca jâtišu |
aṃçavac ca grahâs tv âsâṃ sarvâsâm eva nityaçaḥ || 98 ||
sarvâsâm eva jâtīnâṃ trijâtis tu gaṇâḥ smṛtâḥ |
sarvathâ caiva vijñeyâ vardhamânasvarâ yathâ || 99 ||
ekasvaro dvisvaraç ca trisvaro'tha catuḥsvaraḥ |
pañcasvaraḥ šaṭsvaraç ca tathâ saptasvaro'pi ca || 100 ||
pûrvam uktam idaṃ tv âsâṃ grahâṃçaparikalpanam |
madhyamodīcyavâ jâtis tathâ gândhârapañcamī || 101 ||
nandayantī ratiçrešṭhâ param ekâṃçakâḥ smṛtâḥ |
dhaivatī pañcamī caiva šâḍavendre prakīrtite || 102 ||
gândhârodīcyavâ câbhyâṃ samâ syâd dvyaṃçakety api |

1 (G 10, 12). — 2 (G 11, 13). — 3 (G 14). — 4 (G 15). — 5 (G 16) ândhryâ restitué : asyâ grahâç cete A.— 6 (G 17) šaḍjaç câ ṛš° A. texte de G.— 7 (G 18) °dhaivatâḥ A. — 8 (G 21). — 9 (G 22) °gândhâryo A. — 10 (G 19) texte de G. šaḍjaç caitâ (ce mot effacé) gândhârâ šaḍjamadhyâmadhyamapañcamau | A. — 11 (G 20) texte de G. grahair aṃçaiç ca vijñeyâ vikṛtâ sûrayogajâḥ | A. — 12 (G 23) cârš° A. šaṭsvarâ A. — 13 (G 24) °ṃçâç ca vijñeyâḥ šaḍjamadhyamâḥ | A. — 14 (G 25) vijñeyâḥ sarvâsv aṃçâsu jâtišu | A. texte de G. — 15 (G 26). — 16 (G 27) gaṇâ A. — 17 (G 28) lakšaṇaṃ sa ca vijñeyo varddhamânasvaro budhaiḥ | A. corrections de G. yathâ restitué. — 18 (G 29). — 19 (G 30) caturddhâ syâd ekadhâ sapta šaṭsvarau | A. texte de G. — 20 et suivants manquent dans G. — 22 Peut-être faut-il lire pañcamaikâ° au lieu de param ekâ°. — 23 šâḍavendre prakīrttitâ | A. — 24 Restitué conformément au sens exigé. gândhârodīcyavâc câbhyâṃ samâṃ(syâṃnišu ity api corrigé en marge en :) sâṃtikešv api | A.

âršabhyâṃ rinidhâ aṃçâ nišâdîrinigâs trayaḥ || 103 ||
sagapâḥ šaḍjakaiçikyâs tisro'ṃçakâḥ prakîrtitâḥ |
caturaṃçâ samanidhâ šaḍjodîcyavatî smṛtâ || 104 ||
karmâravî ripanidhair ândhrî ripanigaiḥ smṛtâ |
sagamapadhaiḥ šâḍjî syât pañcabhiç câpi madhyamâ || 105 ||
saparimadhair aṃçaiḥ syâd gândhârî samagânipaiḥ |
tadvat syâd raktagândhârî catasro'ṃçaiç ca pañcabhiḥ || 106 ||
kaiçikî ca šaḍaṃçâ syât sagamapanidhaiḥ smṛtâ |
šaḍjamadhyâ tu saptâṃçâ trišaṣṭir iti te'ṃçakâḥ || 107 ||
[aṃçakaiç. . . . . prîtijâḥ |
âstâṃ prayogakâle tu puram âçrâvaṇâvidhiḥ || 108 ||
mârgais tribhiḥ prayoktavyaç citravârtikadakšiṇaiḥ |
caturbhir gîtibhiç ca syân mâgadhyâdibhir eva ca || 109 ||
pûrvaraṅge kṛte çuddhe kâṇḍikâçrâvaṇâvidhiḥ |
âsâritâni paççâc ca tato jâtyaṃçajalpanam || 110 ||
svarâṇâm aṅgahâraiḥ syât padešv abhinayakramaiḥ |
?(vardhamâpabhauvitâ |) . . . . || 111 ||]

(Lacune)

aṃçâḥ syuḥ pañca šâḍjâyâ nišâdaršabhavarjitâḥ |
apanyâso bhavaty atra gândhâraḥ pañcamas tathâ || 112 ||
nyâsaç câtra bhavet šaḍjo lopyaḥ saptama eva tu |
[šâḍavaṃ saptamopetam alpau vai saptamaršabhau || 113 ||

1-17 manquent dans G. — 1 Restitué pareillement : trividhâ asau niśadhânigamâs tayaḥ | A. — 2 sagapâ A. tisroçâṃsvaḥ prakîrttitaḥ | A.— 3 caturaṃçâḥ samanidho śaḍjodîcyavatî smṛtâḥ | A. — 4 karmâravyâ A. ripanidhaiḥ smṛtâḥ | A.— 5 rasâḥ samapathai śâḍjî A. madhyamâḥ | A.— 6 Nous restituons encore : les nécessités du vers nous obligent à écrire gâ au lieu de ga contrairement à l'habitude suivie pour ces abréviations (cf. çl. 104, 105). parimadhair aṃçai syâd gândhârî mṛgamânitaiḥ | A. — 7 tadva syâd uktagândhâri catasroçaiç câ pañcabhipañcabhiḥ | A. — 8 mokaiçikaikya śaḍaṃçâ syât sagomâyânijaiḥ smṛtâḥ | A. — 9... tu sasadhâṃ sâṃ sâ tri° A. non coupé. — 10-17 les 4 çlokas 108-111 paraissent intercalés. — 10 Le texte est trop peu sûr pour que nous essayions de le reconstituer : aṃçakaiç râmârâgâbhyâstâṃ janayaprîtijâḥ | A. — 11 âçravacovidhih | A. — 12 prayoktavyâç A. — 16 Nous corrigeons d'après l'analogie du çl. 160 b le 2e pada : padâny abhinavakramaiḥ. — 17 Nous donnons tel quel, malgré son aspect barbare, le fragment d'hémistiche qui termine le développement. — 18 (G 56) manque dans A. Texte de G. — 19 (G 57) apanyâse A. — 20 (G 57) âḍjo A. — 21 (G 58) m. dans A et répète, pour le sens, la fin de l'hém. préc. Texte de G.

šaḍjagândhârasaṃcâras tathâ dhaivatašaḍjayoḥ |]
gândhârasya ca bâhulyaṃ tv atra kâryaṃ prayoktṛbhiḥ || 114 ||
âršabhyâṃ ca bhavanty aṃçâ dhaivataršabhasaptamâḥ |
eta eva hy apanyâsâ nyâsaç ca ṛšabhaḥ smṛtaḥ || 115 ||
alpatvaṃ ca viçešeṇa bhavet šâḍavakâriṇaḥ |
laṅghanaṃ pañcamasyaiva syâd ârohaṇasaṃçrayât || 116 ||
šaṭsvaraṃ saptamahînaṃ pâñcasvarye ca pañcamah |
vivâdinâṃ svarâṇâṃ ca saṃcâro'tra vidhîyate || 117 ||
dhaivatyâ dhaivataršabhâv aṃçau nyâsaḥ syâd dhaivataḥ |
apanyâsâ bhavanty atra dhaivataršabhamadhyamâḥ || 118 ||
šaḍjapañcamahînaṃ ca pâñcasvaryaṃ vidhîyate |
pañcamena vinâ caiva šâḍavaṃ parikîrtitam || 119 ||
ârohiṇau ca tau kâryau laṅghanîyau tathaiva ca |
nišâdaç caršabhaç caiva gândhâro balavân tathâ || 120 ||
nišâdinyâṃ nišâdo' ṃçâ gândhâras tv ṛšabhaḥ smṛtâḥ |
eta eva hy apanyâsâ nyâsaç caivâtra saptamaḥ || 121 ||
dhaivatyâ iva kartavyau šâḍavâuḍavite tathâ |
tadvac ca laṅghanîyau tu balavantau tathaiva ca || 122 ||
aṃçâs tu šaḍjakaiçikyâṃ šaḍjagândhârapañcamâḥ |
apanyâsâ bhavanty atra šaḍjasaptamapañcamâḥ || 123 ||
gândhâraç ca bhaven nyâso hînasvaryaṃ na câtra tu |
daurbalyaṃ câtra kartavyaṃ dhaivatasyaršabhasya ca || 124
šaḍjaç ca madhyamaç caiva nišâdo dhaivatas tathâ |
syuḥ šaḍjodîcyavatyaṃçâ nyâsaç caiva tu madhyamaḥ || 125
apanyâso bhavaty asyâ dhaivataḥ šaḍja eva ca |
parasparam ihâṃçânâṃ saṃcâraç ca vidhîyate || 126 ||
pañcamaršabhahînaṃ tu pâñcasvaryaṃ tu tatra vai |

1 (G 59) m. dans A. Texte de G. — 2 (G 60). — 3 (G 61). — 4 (G 63) câ ṛśabhaḥ smṛtâḥ—A. — 5, 6, 7, 8 (G 64, 65, 66, 67) m. dans A. Texte de G. — 9 (G 68) ṛśabhâv A. nyâsaṃ thya dhaivataḥ | A. — 10 (G 69). — 11 (G 70). — 12 (G 71). — 13 (G 72). — 14 (m. dans G, où on lit : hînasvarasya bhâvât tu saṃpûrṇâ ceyam iśyate).— 15-22 manquent dans G. 15 'ṃço gândhârâs tv arśabha smṛtaḥ | A. 16 saptamâḥ A. — 18 tadvâtva A. — 20 apanyâsa A. — 21 bhave A. — 23) (G 74). — 24 (G 75) °aṃçâḥ A. — 25 (G 76) asya A. — 26 (G 77). — 27 (G 78 pañcâ° A. — Après 27 A présente les multiples et incompréhensibles répétitions suivantes que nous reproduisons telles quelles :

apanyâsa bhavanty atra śaḍjasaptamapañcamâḥ |

ṛšabhaḥ šâḍave hîno gândhâraç ca balî bhavet || 127 ||
sarve'ṃçâḥ šaḍjamadhyâyâ apanyâsâs ta eva ca |
šaḍjo vâ madhyamo vâpi nyâsaḥ kâryaḥ prayoktṛbhiḥ || 128 ||
gândhârasaptamopetaṃ pâñcasvaryaṃ tu tatra vai |
šâḍavaṃ saptamopetaṃ câtra kâryaṃ prayogataḥ || 129 ||
sarvasvarâṇâṃ saṃcâra iṣṭas tasyâṃ prayoktṛbhiḥ || 130 ||
šaḍjagrâmâçrayâ hy etâ vijñeyâḥ sapta jâtayaḥ |
ataḥ paraṃ pravakšyâmi madhyamagrâmasaṃçritâḥ || 131 ||
gândhâryâḥ pañca syur aṃçâ dhaivataršabhavarjitâḥ |
apanyâso bhavec câtra šaḍjaḥ pañcama eva ca || 132 ||
gândhâro'tra bhaven nyâsaḥ šâḍavaṃ caršabhaṃ vinâ |
ṛšabhadhaivatopetaṃ tathâ câuḍavitaṃ bhavet || 133 ||
laṅghanîyau ca tau nityaṃ ṛšabho dhaivataṃ vrajet |
gândhârîvihitaṃ nyâsaṃ hînasvaryaṃ ca lakšaṇam || 134 ||
sarvaṃ ca raktapûrvâyâ gândhâryâç ca vinirdiçet |
balinau bhavataç câtra dhaivataḥ saptamas tathâ || 135 ||

gândhâraç ca bhavetyâso hînasvaryaṃ na câtra tu |
daurbalyaṃ câtra karttavyaṃ dhaivatasyaršabhasya ca |
šaḍjasaptamapañcamâḥ |
gândharaç ca bhaven nyâso hînasvaryaṃ na câtra tu |
daurbalyaṃ câtra karttavyaṃ dhaivatasyaršabhasya ca |
šaḍjaç ca madhyamaç caiva nišado dhaivatas tathâ |
syuḥ šaḍjodîcyavantyaṃçâ nyâsaç caiva nišado dhaivatas tathâ |
syuḥ šaḍjodîcyavantyaṃçâ nyâsaç caiva nišado dhaivatas tathâ |
syuḥ šaḍjodîcyavantyaṃçâ nyâsaç caiva madhyamaḥ |
apanyâso bhavaty asyâ dhaivatâ šaṭsu pañca ca |
parasparât tu gamanaṃ chandaṃ tac ca vidhîyatâm |
pañcamaršabhahînaṃ tu pâñcasvarvaṃ tu tatra vai |

1 (G 79) A ṛšabhaṃ šâṃḍavaṃ câsyâṃ gândhâraç ca valî bhavat |
G ṛšabhaḥ šâḍave hîno laṅghanaṃ ca tayor bhavet |

2 (G 80) sarvešâṃ A. — 3 (G 81). — 4 (G 82). — 5 G offre à la place de cet hém. le suivant (83) :
ṛšabhaš šâḍave hîno durbalas sa viçešataḥ |

6 (G 84) iṣṭa taç ca prakîrtitâḥ | A. texte de G. Nous ne donnons qu'un hémistiche au çloka 130. — 7 (G 85). — 8 (G 86). — 9 (G 87) pañca pañcâṃçâ A. — 10 (G 88) šaḍja A. — 11 (G 89) câršabham A. — 12 (G 90) âršabhaṃ A. câuḍuvitaṃ A. — 13 manque dans G qui intercale par erreur 3 hém. qui se retrouvent plus loin dans A. ṛšabhâ dhvaivatam vrajet | A. — 14, 15 (G 94, 95) Texte de G corrigé. A trop fautif :
gândhâryâ vidhivas tv ešasvaraṃ nyâsâṃ sasaṃcaraḥ |
lakšaṇaṃ raktagândhâryâ gândhâryâ eva tu smṛtam |

16 (G 96).

gândhâraṣadjayoç caiva saṃcâraç carṣabhaṃ vinâ |
apanyâsas tathâ câtra eko vai madhyamaḥ smṛtaḥ || 136 ||
gândhârodîcyavâṃçau ca vijñeyau ṣaḍjamadhyamau |
pâñcasvaryaṃ na câsty atra ṣâṭsvaryam ṛṣabhaṃ vinâ || 137 ||
asyâs tv alpabahutvasya nyâsâpanyâsayos tathâ |
yaḥ ṣaḍjodîcyavâyâs tu sarvo 'tra sa vidhiḥ smṛtaḥ || 138 ||
madhyamâyâṃ bhavanty aṃçâ vinâ gândhârasaptamau |
eta eva hy apanyâsâ nyâsa eva hi madhyamaḥ || 139 ||
gândhârasaptamopetaṃ pâñcasvaryaṃ vidhîyate |
ṣâṭsvaryaṃ câpy agândhâraṃ kartavyaṃ tu prayogataḥ || 140 ||
ṣaḍjamadhyamayoç câtra kâryaṃ bâhulyam eva ca |
gândhâralaṅghanaṃ câtra nityaṃ kâryaṃ prayoktṛbhiḥ || 141 ||
madhyamodîcyavâyâs tu pañcamo'ṃçaḥ prakîrtitaḥ |
çeṣo vidhis tu kartavyo gândhârodîcyavâṃ gataḥ || 142
dvâv aṃçâv atha pañcamyâ ṛṣabhaḥ pañcamas tathâ |
saṃniṣâdâv apanyâsau nyâsaç caivâtra pañcamaḥ || 143 ||
madhyamâyâṃ tu kartavye ṣâḍavâuḍavite tathâ |
daurbalyaṃ câtra vijñeyaṃ ṣaḍjagândhârapañcamaiḥ || 144 ||
kuryâd asyâṃ ca saṃcâraṃ pañcamasyarṣabhasya ca |
gândhâragamanaṃ caiva kâryam alpaç ca saptamaḥ || 145 ||
atha gândhârapañcamyâḥ pañcamo'ṃçaḥ prakîrtitaḥ |
pañcamaç carṣabhaç caiva apanyâsau prakîrtitau || 146 ||
nyâsaç câtra tu gândhâraḥ sa ca pûrṇasvaro bhavet |
gândhârapañcamâbhyâṃ ca saṃcâro'tra vidhîyate || 147 ||
ṛṣabhaḥ pañcamaç caiva gândhâro'tha niṣâdavân |

1 (G 97) cârṣabhaṃ A. — 2 (G 98) La grammaire exigerait câtraiko ; licence fréquente à la fin d'un pada. madhyama A. — 3 (G 99). — 4 (G 100) pañca° A. ṣaṭsv° A. — 5, 6 (G 101-102). 5 asyâsthâ A (paraît corrigé en asyâs tv a°). 6 vidhiva A. — 7, 8, 9 (G 103, 104, 105). — 10, 11, 12 (G 91, 92, 93 ; puis 106, 107). 10 ṣaddharaṃ (?) A. — 13 (G 108). — 14 (G 109) madhyamâyâs tu yaḥ smṛtaḥ | A. texte de G (qui parfait le nombre des *apanyâsas*). — 15 (G 110) — 16, 17 (G 111, 112). — 18 (G 113). — 19 (G 114) °syârṣ° A. G a madhyama° au lieu de pañcama°. — 20 (G 115). A reproduit après 20 fautivement l'hém. 17 avec var. : madhyamâyâṃ tu vijñeye (ms. o) ṣâḍavâuḍavite budhaiḥ | . — 21 (G 116). — 22 (G 117) caiva a° exigé par le mètre. apanyâsaḥ prakîrttitaḥ | A. — 23 (G 118). — 24 (G 119). — 25 (G 120) ṛṣabham pañcamasyaiva A.

catvaro 'ṃçâ bhavanty ândhryâm apanyâsâs ta eva tu || 148 ||
gândhâraç ca bhaven nyâsaḥ ṣaḍjopetaṃ ca ṣâḍavam |
gândhârarṣabhayoç 'câpi saṃcâras tu parasparam || 149 ||
saptamasya ca ṣaḍjasya nyâso gatyanupûrvaçaḥ |
ṣaḍjasya laṅghanaṃ kâryaṃ nâsti câuḍavitaṃ sadâ || 150 ||
nandayantyâḥ kramân nyâsas tv apanyâso'ṃça eva ca |
gândhâro madhyamaç caiva pañcamaç ceti nityaçaḥ || 151 ||
ṣaḍjenâṃço laṅghanîya ândhrîsaṃcâra iṣyate |
laṅghanam ṛṣabhasyâtra tac ca mandragataṃ smṛtam || 152 ||
târagatyâ tu ṣaḍjaḥ syât kadâ cin nâtivartate |
gândhâraç ca grahaḥ kâryas tathâ nyâsaç ca nityaçaḥ || 153 ||
karmâravyâḥ smṛtâ hy aṃçâ ṛṣabhaḥ pañcamas tathâ |
dhaivataç ca niṣâdaç câpy apanyâsâs ta eva tu || 154 ||
pañcamaç ca bhaven nyâso hînasvaryaṃ na câtra tu |
gândhârasya viçeṣeṇa sarvato gamanaṃ bhavet || 155 ||
kaiçikyâṃçâs tu vijñeyâḥ svarâḥ sarverṣabhaṃ vinâ |
eta eva hy apanyâsâ nyâsau gândhârasaptamau || 156 ||
dhaivate'ṃçe niṣâde ca nyâsaḥ pañcama iṣyate |
apanyâsaḥ kadâ cic ca ṛṣabho 'pi bhaved iha || 157 ||
arṣabhaṃ ṣâḍavaṃ câtra dhaivatarṣabhavarjitam |
tathâ câuḍavitaṃ kâryaṃ balinau ṣaḍjapañcamau || 158 ||
daurbalyam ṛsabhasyâtra laṅghanaṃ ca viçeṣataḥ |
ṣaḍjamadhyâvad atrâpi saṃcâras tu bhaved iha || 159 ||
evam etâ budhair jñeyâ jâtayo daçalakṣaṇâḥ |
svasvaiç ca karaṇair yojyâḥ padeṣv abhinayair api || 160 ||

1 (G 121) andhryâm (corrigé ?) A. — 2 (G 122) bhave A. — 3 (G 123). — 4 (G 124). — 5 (G 125). — 6, 7 (G 126, 127). — 8, 9, 10 (G 128, 129, 130, 131). — 8 laṅghanîyo tîghra (? corr.) A. — 10 ṣaḍja syât A. — 11 (G 132). — 12, 13, 14 (G 133, 134, 135, 136). Le texte de G renferme en plus de A l'indication suivante : anaṃçâ (ms. anaṅgâ) balinas tathâ. — 12 A semble supprimer l'r de karma° par une correction douteuse. — 13 Dans A, la césure ne tombe pas après le 1er pada. — 14 bhave A. — 15 (G 137). — 16 (G 138) vijñeyâ svarâ A. — 17 (G 139). — 18 (G. 140) dhaivatâṃçe A. nyâsa A. — 19 (G 142 ?) ca ṛ° exigé par le mètre. — 20 (G 144). ṛsabham A. — 21 (G 145) caumḍu° A. valinau vâça° (corr. en marge en ṣaḍja) A. — 22 (G 141). — 23 (G. 146). °madyavad A. — 24 (G 147) °lakṣaṇaḥ | A. — 25 manque dans G. yojyam (?) A.

1 âsâm idânîṃ vakšyâmi rasabhâvavikalpanam |
yathâ yasmin rase yâç ca tattvaṃ me saṃnibodhata|| 161 ||

||iti bhâratîye nâṭyaçâstre jâtilakšaṇo nâmâdhyâyo' šṭâviṃçatimaḥ ||

1 manque dans G. — 2 (G 148) yathâ rasmin (corrigé?) rase yâç ca tâtva (surchargé : tva en marge) maṃ (corrigé en saṃ?) çan nibodhata | A. Nous restituons conformément à un hémistiche analogue d'un adhyâya suivant (le 31e) inédit : purvoktam vai vidhânaṃ ca tatvaṃ (sic) me saṃnibodhata |
3 || iti bhâratîye nâṭyaçâstre âtodyavidhir nâmâṣṭâviṃço 'dhyâyaḥ || G.

APPENDICE

TEXTE DE G

Suite des variantes, de la page 39, *l.* 6, *à la fin de l'adhyâya.*

dvaigrâmikânâṃ jâtînâṃ sarvâsâm api nityaçaḥ |
aṅgâs trîšašṭhi vijñeyâs tâsâṃ caiva tathâ grahaḥ |
aṅgagrahâvidhim idânîṃ vakšyâmi
....ma..dîcyavâyaṃs tu grahâṃçoš šaḍjamadhyamâḥ
âršabhâç ca tathaivâṃçâ nišâdaršarbhadhaivatâḥ
naišâdinyâ nišadas tu gândhâraç câršabhas tathâ |
aṅgâç ca šaṭjakaiçikyâš šaḍjagândhârâpañcamâḥ |
matisṛṇâm api jâtînâṃ grahâṃç câṅgâç ca kîrttitâḥ |
šaḍjaç câ madhyamaç caiva nišâdo dhaivatas tathâ |
aṅgagrahâç ca catvâraš šaḍjodîcyapratiçrutâḥ |
pañcamo ṛšabhaç caiva šodo dhaivatas tathâ |
aṅgagrahâs tu catvâraš šaḍjodîcyapariçritâḥ |
pañcamo ṛšabhaç caiva nišâdo dhaivatas tathâ |
karmâravyâs tathaivâṃçâç catvâras saṃprakîrttitâḥ |
gândhâraç caršabhaç caiva nišâdaḥ pañcamas tathâ |
âsâṃç câgagrahâtyâç catvâraḥ.parikîrttitâḥ |
ṛšabhaç caiva šaḍjaç ca madhyamaḥ pañcamaḥ |
pañcamâyâ grahâs tv aṅgâ dhaivataç ca prakîrttitaḥ |
šaḍjâyâ šaḍjagândhârau madhyamaḥ pañcamas tathâ |
dhaivataç câpi vijñeyâ grahâç câmçâh prakîrttitâḥ |
nišâdaršabhagândhâra madhyamaḥ pañcamas tathâ |
gândhârîraktagândhâryo grahâṃçâs tu budhair matâḥ |
varjitaršabhayogâs tu keçikyaṃçâš šaḍeva tu |
svarâs sarve ca vijneyâš šaḍjamadhyâṃçagrahâḥ |
evaṃ trišašṭi vijñeyâ grahâç câṃçâç ca jâtišu |
aṅgavaç ca grahâs tâsâṃ sarvâsâm eva nityaçaḥ |
sarvâsâm eva jâtînâṃ trijâtis tu guṇa smṛtaḥ |

sarvathâ caivà vijñeyâ varddhamânasvarâ tathâ |
ekašvaro dvisvaraç ca trisvaro'thaç catusvaraḥ |
pañcasvaraš šaṭsvaraç ca tathâ saptasvaro'pi ca |
dvividham alpatvaṃ laṅghanâd aubhyâssâc ca
gîtântaramârgam upâgatânâṃ šâḍavâuḍavitakaraṇânâm
aṅgânâṃ ca svarâṇâṇâṃ laṅghanâd anabhyâsâc ca
sakṛd uccâraṇaṃ yathâjâti
tadvat bahutvam alpatvavicaryayât dvividham
evânyešâm api balinâṃ saṃcâraḥ
alpatvaṃ ca yathâ | pûrvaviniçcayât
jâtisvarais tu nityaṃ syâj jâtyalpatvaṃ vidhânataḥ
saṃcâro'ṅgabalasthânâm alpatvaṃ durbalešu ca |
dvividhântaramârgas tu jâtînâṃ vyaktikârakaḥ |
atha pañcasvarâḥ karṇyâḥ gat târagatiḥ
aṅgântârageti vidyâd â caturthasvarâd ihi
pañcamaṃ hy athâgacchet tato'ṅgavihitaṃ tv iha
â pañcamât pañcamâd vâ nâtaḥ param ihešyate |
trividhâ mandragatiḥ
aṅgaparanyâsaparâ apanyâsaparâ ceti vâ
mandro hy aṅgaparo'nti hy âsau tu vau vyavasthitau
gândhâreva grahe nyâse šṭem âršа dhaivataṃ
šaṭsvaktaṃ lakšaṇaṃ câsya
šaṭsvarasya prayogo'yaṃ tathâ | pañcasvarasya ca
catusvara prayogo'pi deçâpekšaḥ | prayujyate
atha nyâsaḥ aṅgasamâptau caikaviṃçat trividhaḥ sa ca
tadâ jâtyantaro'panyâsâ sa šaṭpañcâçat saṃkhyaḥ
evam uktam iha samyak jâtînâṃ lakšaṇaṃ mayâ |
ata ûrdhvaṃ pravakšyâmi tâsâm aṅgavikalpanam |
aṅgâ syu pañca šaṭjâyâ nišâdaršabhavarjitâḥ |
nyâsaš šaṭja upanyâso syâtâṃ gândhârapañcamau |
šâḍayaṃ saptamopotam alpo vai saptamaršabhau |
šaḍjagândhârasaṃcâras tathâ dhaivatašaṭjayoḥ |
gândhârasya tu bâhulyaṃ yatra kâryaṃ prayoktṛbhiḥ |
aṅgajâtâs tathâršabhyâṃ nišâdaršabhadhaivatâḥ |
ata ûrdhvaṃ pravakšyâmi nyâsâpanyâsakalpanam |
eta eva hy apanyâsâ nyâsaç ca ṛšabha smṛtaḥ |
alpatvaṃ ca viçešeṇa bhavet šâḍavakâriṇaḥ |
laṅghanaṃ pañcamasyaiva syâbh ârohaṇasaṃçrayât |
šaṭsvaraṃ saptamaṃ hînaṃ pañcasvarye ca pañcamaḥ |

vivâdînâma svarâṇâṃ ca saṃcâro'tra vidhîyate |
dhaivatyâ dhaivato nyâsas syâd aṃço dhaivatarṣabhau |
apanyâsâ bhavanty atra dhaivatarṣabhamadhyamâḥ |
ṣaḍjapañcamahînaṃ ca pañcasvaryaṃ vidhîyate |
pañcamasya vinâçena ṣâdhavatvaṃ vidhîyate |
ârohitau ca karttavyau laṅghanîyau dhaivatarṣabhau
hînasvarasya bhâvât tu saṃpûrṇâ ceyam iṣyate |
ṣaṭjaç ca madhyamaç caiva niṣâdau dhaivatas tathâ |
bhavanti ṣaḍjodîcyavâ nyâso madhyama iṣyate
apanyâsâv iha syâtâṃ dhaivatarṣabha eva ca |
parasparâçânugamau gândhâro nupamî bhavet |
pañcamasvarahînaṃ tu pañcasvaryaṃ vidhîyate |
ṛṣabhas ṣaḍave hîno laṅghanaṃ ca tayor bhavet |
sarveçâṣ ṣaṭjamadhyâyâ apanyâsas ta eva ca |
ṣaḍjaç ca madhyamaç caiva nyâsau kâryau prayokṛtbhiḥ |
gândhârasaptamopetaṃ pañcadhuryaṃ vidhîyate |
ṛṣabhaṣ ṣâḍave hîno durbalas sa viçeṣataḥ |
sarvasvarâṇâṃ saṃcâra iṣṭas tasyâṃ prayoktṛbhiḥ |
ṣaṭjagrâmâçritâ hy eṣâ vijñeyâs sapta jâtayaḥ |
ata ûrdhvaṃ pravakṣyâmi madhyamagrâmasaṃçritâḥ |
aṅgâ syuḥ pañca gândhârye dhaivatarṣabhavarjjitâḥ |
apanyâsatva madhyâs tu ṣaḍjamapañcamayor api |
gândhâraç ca bhave nyâsaṣ ṣâḍavaṃ tv ṛṣabhaṃ vinâ |
dhaivaḍarṣabhahînaṃ tu pañcasvaryaṃ vidhîyate |
ṣaṭsvaryam atha gândhâryâṃ karttavyaṃ svarayogataḥ |
ṣaṭjamadhyamayor atra bâhulyaṃ saṃvidhîyate |
prayoktṛbhiḥ prayoktavyaṃ gândhârasya ca laṅghanam |
gândhârîvihita nyâso hînasvaryaṃ ca lakṣaṇam |
sarvaṃ ca raktâpûrvâyâ gândhâryâç ca vinirddicet |
balavantau vidhâtavyau dhaivatas saptamas tathâ |
gândhâraṣaḍjayor atra saṃcâra ṛṣabhaṃ vinâ |
apanyâsas tu kârya syâd eka vi vâtra madhyamaḥ
gândhârodîcyavâyâṃ tu dvâv aṃçau ṣaḍjamadhyamau |
pañcasvaryaṃ bhaven nâtra ṣâṭsvaryaṃ cârṣabhaṃ vinâ |
kâryo' trântaramârgas tu nyâso' panyâsa eva tu |
tatrâlpatvâdividhayaṣ ṣaḍjodîcyavatîsamâ |
madhyamâdvâ bhavanty aṅgâs sa ṣaḍjarṣabhamadhyamâḥ |
pañcamo dhaivataç caivâpanyâsâs tatra eva tu |
nyâso madhyama evâtra viçrutyo hînakâ bhavet |

gândhârahînâ šaṭsvaryaṃ bâhulyaṃ saṭjamadhyayoḥ |
gândhârasya ca daurbalyaṃ madhyamâyâ vidhîyate |
madhyamodîcyavâyâs tu madhyamo'ṃço na hînataḥ |
çešo vṛttiç ca karttavyo gândhârodîcyavâṃ gataḥ |
dvâv aṃçâv api pañcamyâ bhavataḥ pañcamaršabhau |
apanyâso nišâdaç ca mañcamaršabhasaṃyutaḥ |
nyâsa pañcama eva syât madhyamâvacyanînatâ |
durbalâç câtra karttavyâš saṭjagândhâramadhyamâḥ |
kuryâc câpy atra saṃcâraṃ madhyamasyaršabhasya ca |
gândhâragamanaṃ câlpaṃ saptamât saṃprayojayet |
atha gândhârapañcamyâḥ pañcamâṃçaḥ prakîrttitaḥ |
pañcamaršabhaṃ caivâpanyâsau prakîrttitau |
gândhâro'tra bhave nyâso hînâsvâryaç ca nešyate |
pañcamyâs tatha gândhâryâ saṃcâraç ca vidhîyate |
ṛšabhaḥ pañcamaç caiva gândhâro'tra nišâdavân |
catvâro'ṃçâ bhavanty andhryâḥ apanyâsâs ta eva ca |
gândhâryâç ca bhave nyâsaš šaḍjâpetaç ca šâḍavaḥ |
gândhârašaḍjayor atra saṃcâra syât parasparam |
šašṭhasaptamayoç câtra nyâsagamyânupûrvaçaḥ |
šaḍjasya laṅghanaṃ câtra nâsti nainaḍubitaṃ tathâ |
nandayantyâ bhavanty aṅgâ pañcamo nityaṃ eva tu |
syâtâm asyânapanyâso madhyamaḥ pañcamas tathâ |
šâḍavaṃ šaṭjahînaṃ tu laṅghanîyas sa eva ca |
anghrîvak saṃcarâ nityam ṛšabhasya ca laṅghanam |
tatra mandagataḥ proktâ nityaṃ gânaprayoktṛbhiḥ |
târagatyâtha šaḍjas tu kadâ cin nâtivarttate |
gândhâre ca grahaḥ kâryaḥ tathâ nyâsaç ca nityaçaḥ |
karmâravyâ bhavanty âgâḥ pañcamaršabhadhaivatâḥ |
nišâdaç ceti catvâro grahâç ca parikîrttitâḥ |
eta eva panyâsâ nyâsâ pañcama išyate |
hînasvaryaṃ na câtra syâd anaṅgâ balinas tathâ |
gândhârasya viçešeṇa sarvato gamanaṃ bhavet |
kaiçikyaṃs tu bhavanty âgâs sarve caršabhavarjjitâḥ |
eka eva hy apanyâsâ nyâsau gândhârasaptamau |
dhaivato'ṅge nišâde ca nyâsâḥ pañcama išyate |
daurbalyaṃ caršabhaṃ ca syâ laṅghanaṃ ca viçešataḥ |
apanyâsatvam aṅgatvaṃ bâhulyaṃ ca kadâ ca nâ |
bhaved asyaiva saṃcâraš šaḍjamadhyaṃvad išyate |
ṛšabhaš šâḍave hîno dhaivataç caršabhaṃ vinâ |

145 kâryaṃ coḍuvitâ nâtra balînântyapañcamau |
šaṭjamadhyamad atrâpi saṃcâras tu vidhîyate |
evam etâ budhai jñeyâ jâtayo daçalakšaṇâḥ |
kâryâ yasmin rase yâç ca tâç ca me saṃnibodhata |

|| iti bhâratîye nâṭyaçâstre âtodyavidhir nâmâšṭâviṃço 'dhyâyaḥ ||

TRAITÉ DE BHARATA SUR LE THÉATRE

VINGT-HUITIÈME ADHYAYA

Les jâtis (A)

ou l'Instrumentation musicale (G)

(prose) L'auteur va traiter des instruments de musique *(âtodya* [1]*)*.

1 Il y en a quatre espèces : *tata* [2], *avanaddha* [3], *ghana* [4], *sušira* [5].

2 Le *tata* comprend les instruments à cordes *(tantikṛta)*; l'*avanaddha* désigne les tambours *(pauškara* [6]*)*; comme exemple de *ghana* on donne la cymbale *(tâla* [7]*)*; pour le *sušira*, la flûte *(vaṃça* [8]*)*.

3 Pour ce qui est de leur emploi dans le drame *(nâṭaka)*, ces quatre espèces se réduisent à trois : le *tata*, l'*avanaddha*, et l'exécution scénique *(nâṭyakṛta* [9]*)*.

4 Dans le *tata*, la composition du groupe des exécutants *(kutapavinyâsa* [10]*)* comprend le chanteur (*gâyana*) avec ses assistants *(parigraha* [11]*)*, le joueur de *vipañcî* [12] (luth), le joueur de *vîṇâ* [13] (luth) et le joueur de flûte *(vaṃça)*.

5 Dans l'*avanaddha*, les diverses espèces de tambours, le *mṛdaṅga* [14], le *paṇava* [15], le *dardura* [16], forment le *kutapa*.

6 Dans l'exécution scénique *(nâṭyayoga)*, le *kutapa*, variant suivant les pays *(nânâdeçasamâçraya* [17]*)*, comprend des personnages de condition supérieure, inférieure et moyenne.

7 Ainsi s'exécutent, à l'image d'un cercle de feu *(alâtacakrapratimam* [18]*)* [c'est-à-dire en étroite relation], ces diverses parties d'un tout : le chant *(gîta)*, la musique instrumentale *(vâdya* [19]*)* et le drame *(nâṭya)*.

8 Quant au genre composé d'instruments divers appelé *tata* ou *tantîkṛta*, il reçoit le nom de « *gândharva* [20] », embrassant les sons musicaux *(svara)*, la mesure *(tâla)* et les mots *(pada)*.

9 Ce nom de *gândharva* lui vient de ce qu'il fait la joie et les délices des dieux et des *gandharvas* [21].

10 Les éléments *(yoni)* du *gândharva* sont le corps *(gâtra)* [ou le chant *(gâna)*], le luth *(vîṇâ)* et la flûte *(vaṃça)*.

L'auteur va en dire la règle, qui a sa base dans les notes.

11 Le *gândharva* se divise en trois parties : sons musicaux, mesure et texte. On en dira la définition et l'objet *(karman)*.

12 [Les svaras [22]]. Les *sons musicaux* ont deux sièges de production : la *vîṇâ* et le corps. Suit l'indication des caractères distinctifs qui constituent chacun d'eux.

13 Les *svaras*, les deux *grâmas*, les *mûrchanâs*, les *sthânas*, les *vṛttis*, les deux *sâdhâraṇas*, les *varṇas*, les *alaṃkâras*, les *dhâtus*,

14 les *çrutis*, les *jâtis*, telle est l'énumération des éléments de la *vîṇâ* faite de bois *(dâravî)*.

15 Les *svaras*, les deux *grâmas*, les *alaṃkâras*, les *varṇas*, les *sthânas*, les *jâtis*, les deux *sâdhâraṇas* [et les *gîtis* (texte de G)], tel est le résumé des éléments de la *vîṇâ* corporelle *(çârîrî)*.

16,17 [Le pada [23]] La règle relative au *texte* embrasse : les consonnes *(vyañjana)*, les voyelles *(svara)*, les lettres *(varṇa)*, les combinaisons euphoniques *(saṃdhi)*, les désinences casuelles *(vibhakti)*, les noms *(nâman)*, les verbes *(âkhyâta)*, les prépositions *(upasarga)*, les particules *(nipâta)*, les suffixes secondaires *(taddhita)*, la métrique *(chandas)*.

18 Le *pada* est de deux sortes : assujetti aux entraves du vers (*nibaddha*), ou laissé aux libertés de la prose (*anibaddha*).

19,20,21 [Les talas [24]]. La règle relative à la *mesure* comprend vingt et une subdivisions : *âvâpa, niškrâma, vikšepa, praveçana, çamyâtâla, saṃnipâta, parivarta, vastuka, mâtrâ, pramâṇa, bîja, vidârin, yati, laya, gîtis, avayavas, mârgas, pâdabhâgas, pâṇis,* [*aṅgulis* et *prakaraṇa* (ms. G.)].

Tel est le *gândharva* résumé. L'auteur va en présenter le développement.

Les notes [25]. —

22 Il y en a sept : *šaḍja* [26], *ṛšabha, gândhâra, madhyama, pañcama, dhaivata, nišâda*.

23 Elles sont classées sous quatre catégories, d'après les *intervalles* (*çrutis* [27]) qui les séparent les unes des autres ; elles sont : *vâdins* ou dominantes, *saṃvâdins* ou consonantes, *anuvâdins* ou auxiliaires, *vivâdins* ou dissonantes.

(prose) Toute note *dominante* est en même temps tonique (*aṃça*).

Les notes entre lesquelles on compte neuf ou treize intervalles sont *consonantes* [28].

TABLEAU DES NOTES CONSONANTES

šaḍjagrâma		*madhyamagrâma*	
šaḍja *pañcama*	13 *çrutis*	*pañcama* *ṛšabha*	13 *çrutis*
ṛšabha *dhaivata*	13 —	[*ṛšabha* *dhaivata*	12 —] ?

ṣadjagrâma		*madhyamagrâma*	
gândhâra / *niṣâda*	13 *çrutis*	*gândhâra* / *niṣâda*	13 *çrutis*
ṣadja / *madhyama*	9 —	*ṣadja* / *madhyama*	9 —

24 La seule différence qu'il y ait à ce propos entre les deux modes de la gamme porte sur ce fait que les consonantes *ṣadja* et *pañcama* du *ṣadjagrâma* sont remplacées en *madhyamagrâma* par *pañcama* et *ṛṣabha.*

(prose) Les notes *dissonantes* [29] sont celles qui présentent vingt intervalles (?).

TABLEAU DES NOTES DISSONANTES

ṛṣabha / *gândhâra*	3 *çrutis*	*dhaivata* / *niṣâda*	3 *çrutis*

Les notes qui ne sont ni dominantes, ni consonantes, ni dissonantes, sont *auxiliaires* [30].

TABLEAU DES NOTES AUXILIAIRES

ṣadjagrâma		*madhyamagrâma*	
vis à vis de *ṣadja*	*ṛṣabha* / *gândhâra* / *dhaivata* / *niṣâda*	vis à vis de *madhyama*	*pañcama* / *dhaivata* / *niṣâda*
— *ṛṣabha*	*madhyama* / *pañcama* / *niṣâda*	— *pañcama*	[*ṛṣabha*] ? / *ṣadja* / *gândhâra*
— *gândhâra*	*madhyama* / *pañcama* / *dhaivata*	— *dhaivata*	*ṣadja* / [*ṛṣabha*] ? / *gândhâra*
— *madhyama*	*dhaivata* / *pañcama* / *niṣâda*	— *niṣâda*	*ṣadja* / *ṛṣabha* / [*gândhâra*] ?
— *pañcama*	*dhaivata* / [*ṣadja*] ?		
— *dhaivata*	*ṣadja* / *madhyama* / *pañcama*		

Le terme *vâdin* dérive de *vadana; saṃvâdin* de *saṃvadana ; vivâdin* de *vivadana; anuvâdin* de *anuvadana.*

? Le manque de justesse [31] par excès ou différence *(nyûnâdhikatva)* dans la production des sons [rangés sous ces quatre catégories] résulte de l'imperfection *(vaiguṇyât)* du *daṇḍa* [ou manche de l'instrument] et du défaut de résonnance des cordes.

Telles sont les quatre catégories des notes.

LES MODES DE LA GAMME *(grâma* [32]*).* —

Il y a deux modes de la gamme : le mode *šaḍja* et le mode *madhyama* [33].

LES VINGT-DEUX INTERVALLES *(çruti).* —

Chacun de ces modes comprend vingt-deux intervalles [34].

25 En voici le décompte pour le *šaḍjagrâma :*

trois, deux, quatre, quatre, trois, deux, quatre.

(prose) Dans le *madhyamagrâma, pañcama* doit être diminué *(apakṛšṭa* [35]*)* d'un intervalle *(çruti).* L'intervalle d'une *çruti (antara)* qui représente l'élévation *(utkarša)* ou l'abaissement *(apakarša)* de *pañcama,* sa diminution *(mârdava)* ou son augmentation *(âyatatva),* est la *çruti*-type, indicatrice *(pramâṇa).*

EXPOSÉ DÉMONSTRATIF DE LA THÉORIE DES *çrutis* [36].

?? Soient deux luths (*vîṇâ*) accordés en *šaḍjagrâma,* ayant même *mûrchanâ,* même *daṇḍa,* même résonnance des cordes et même *çruti*-type. On fait dans l'un ou l'autre de ces luths la *çruti* du mode *madhyama,* en diminuant *pañcama,* de telle sorte que par une simple modification de *pañcama* (*pañcamavaçât*) on pourrait rétablir la *çruti* du mode *šaḍja :* on a ainsi diminué d'une *çruti.*

On procède à une nouvelle diminution : les notes *gândhâra* et *nišâda* de l'un des luths deviennent alors dans l'autre *dhaivata* et *ṛšabha,* par suite de l'addition de deux *çrutis* (?).

Nouvelle diminution, en vertu de laquelle *dhaivata* et *ṛšabha* du premier deviennent dans le second *pañcama* et *šaḍja,* grâce à l'addition de [trois] *çrutis* (?).

Enfin, subissant encore une diminution, le premier voit ses notes *pañcama, madhyama* et *šaḍja* devenir dans l'autre *madhyama, gândhâra* et *nišâda,* par l'addition de quatre *çrutis* (?).

— La démonstration précédente permet de saisir le détail des vingt-deux *çrutis* des deux *grâmas.*

Suivent des *çlokas* (26-29).

DISPOSITION DES *çrutis* DANS LES DEUX MODES DE LA GAMME

Mode šaḍja

šaḍja	ṛšabha	gândhâ-ra	madhyama	pañcama	dhaivata	nišâda
1/4 1/4 1/4 1/4						
4 *çrutis.*	3 —	2 —	4 —	4 —	3 —	2 —

Mode madhyama

madhyama	pañcama	dhaivata	nišâda	šaḍja	ṛšabha	gândhâ-ra
1/4 1/4 1/4 1/4						
4 *çrutis*	3 —	4 —	2 —	4 —	3 —	2 —

(prose) Tel est le tableau des intervalles *(antara).*

LES *Mûrchanâs* [37]. —

Il y a quatorze *mûrchanâs* [ou séries continues des notes successives] pour les deux modes [réunis].

30-31 (et prose) TABLEAU DES SEPT *mûrchanâs* DU MODE *ṡadja*.

Noms des MURCHANAS.	*Série correspondante.*
uttaramandrâ [38]	*ṡadja*, etc.
rajanî	*niṡâda*, etc.
uttarayatâ	*dhaivata*, etc.
çuddhaṡadjâ	*pañcama*, etc.
matsarîkṛtâ	*madhyama*, etc.
açvakrântâ	*gândhâra*, etc.
abhirudgatâ	*ṛṡabha*, etc.

32-33 (et prose) TABLEAU DES SEPT *mûrchanâs* DU MODE *madhyama*.

Noms des MURCHANAS.	*Série correspondante.*
sauvîrî	*madhyama*, etc.
harinâçvâ	*gândhâra*, etc.
kalopannatâ	*ṛṡabha*, etc.
çuddhamadhyamâ	*ṡadja*, etc.
mârgî (ou *mârgavî*)	*niṡâda*, etc.
pauravî	*dhaivata*, etc.
hṛṡyakâ	*pañcama*, etc.

(prose) Telle est la série des *mûrchanâs*.

Ces quatorze *mûrchanâs* sont de quatre espèces : *pûrṇâs*, *ṡâḍavâs*, *auḍavâs*, *sâdhâraṇakṛtâs*.

34 Les sept notes en gradation (*kramayukta*), c'est ce qui constitue les *mûrchanâs* [complètes (*purṇa*)].

Les *mûrchanâs* d'une échelle à six et à cinq notes sont appelées *ṡâḍavâs* et *auḍavâs*.

35 Celles d'une échelle qui renferme des accidents (*kâkalî*), des notes intermédiaires (*antarasvara*) sont, dans les deux modes, dites *sâdhâraṇakṛtâs*.

?? Une même *mûrchanâ* se fait de deux manières [39] : *gândhâra* [qui a deux *çrutis* en mode *ṡadja*] devient [avons-nous vu] *dhaivata* [en *madhyama*] par l'addition de deux *çrutis* : les *mûrchanâs* diffèrent suivant les deux modes de la gamme.

En *ṡadja* comme en *madhyama (?)*, par suite de la diminution de *dhaivata*, de l'augmentation de *niṡâda*, il y a deux manières pour les *mûrchanâs*. Il y a désignation différente, quoiqu'il y ait même nombre de *çrutis* intercalaires (?)... l'intervalle et de quatre *çrutis* entre [pour?] *pañcama* et *dhaivata;* il est de même de quatre *çrutis* en raison de l'augmentation de *gândhâra.* Les autres notes [abstraction faite de *gândhâra?*], *madhyama, pañcama, dhaivata, nišâda, šadja, ṛšabha,* deviennent *madhyama,* etc. (?) par suite de l'équivalence de leurs *çrutis* intercalaires.

— Pour la théorie des intervalles *(antara)*, voir ce qui a été dit précédemment à propos de la théorie des *çrutis* (p. 57-58).

(prose) Les *tânas* [40], fondés sur les *mûrchanâs,* [*mûrchanâs* à six ou cinq notes?] sont au nombre de quatre-vingt-quatre. Il y en a quarante-neuf pour l'échelle à six notes, et trente-cinq pour celle à cinq notes.

Les *tânas* de l'échelle à six notes *(šaṭsvara)* forment [suivant la note supprimée] sept classes :

Quatre en mode *šadja,* par suppression de *šadja, ṛšabha, pañcama, nišâda ;*

Trois en mode *madhyama,* par suppression de *šadja, ṛšabha, gândhâra.*

Ce qui fait pour toutes les *mûrchanâs* un total de quarante-neuf *tânas šaṭsvaras* [7 × 7].

Les *tânas* d'une échelle à cinq notes [*pañcasvara*] constituent cinq classes :

Trois en mode *šadja,* par suppression d'un des trois couples : *šadja, pañcama; ṛšabha, pañcama* [41]*; gândhâra, nišâda;*

Deux en mode *madhyama,* avec suppression des couples *gândhâra, nišâda* ou *ṛšabha, dhaivata* [42].

Ce qui fait pour toutes les *mûrchanâs* un total de trente-cinq *tânas pañcasvaras :* vingt-et-un en mode *šadja* [7 × 3], quatorze en mode *madhyama* [7 × 2].

Tels sont les *tânas,* dont l'ensemble s'élève à quatre-vingt-quatre.

?? Dans les instruments à cordes *(tantrî)* il y a deux modes d'exécution des *tânas :* le *praveça* et le *nigraha*[43].

Le *praveça* consiste dans le passage d'une note inférieure à une note supérieure (?) ou d'une note supérieure à une inférieure (?).

Le *nigraha* c'est l'*asamparça (?)* c'est-à-dire le fait de ne pas toucher la note intermédiaire (?).

Quand, dans le luth, la note intermédiaire est employée et maintenue, il y a *mûrchanâ (?)*.

C'est de la note intermédiaire que dépend le *nigraha* ou le *praveça (?)*.

— Telle est la nature des *mûrchânas* et des *tânas,* qui servent au plaisir de l'exécutant et de l'auditoire.

Les *mûrchanâs* s'exécutent dans les différents *sthânas* [organes producteurs des sons, registres de la voix].

Il y a trois *sthânas* [44]. — Voir ce qui en a été dit dans la règle des *kâkus* [*adhyâya* XVII (A) ou XIX (G)].

Les *sâdhâranas* [45]. —

(prose) Le *sâdhârana* c'est le fait pour un son d'être intermédiaire *(antara)* [entre deux notes].

[Définition plus générale :] Une chose placée entre deux autres est *sâdhârana*.

Exemple tiré de l'intervalle des saisons :

36 A l'ombre il fait frais, mais au soleil on entre en sueur : le printemps est bien venu, mais la saison froide *çiçira* fait encore sentir ses derniers effets.

(prose) C'est le *sâdhârana* des saisons.

[En musique,] il y a deux sortes de *sâdhâranas :* le *sâdhârana* des notes et celui des *jâtis*.

?? Le *sâdhârana* des notes comprend des notes *kâkalîs* et des notes *antaras (?)*.

Supposons *nišâda* augmenté de deux *çrutis : nišâda* [par suite de cette acquisition] est dit *kâkalî,* mais ne devient pas *šadja;* entre les deux se place un son intermédiaire : le *sâdhârana* prend naissance.

De même, *gândhâra* [dans les mêmes conditions] reste *gândhâra* avec désignation d'*antarasvara*, mais ne devient pas *madhyama*, car entre les deux se place un son intermédiaire : là encore il y a *sâdhâraṇa*.

— D'où vient cette désignation de *kâkalî*, donnée à *nišâda* ?

Kâkalî [46] est formé sur *kala* (ténu, faible), avec idée de mauvaise qualité ou d'extrême ténuité [rendue par la particule *kâ*], comme dans *kâkšin*. La réunion des deux éléments donne le mot *kâkalî*.

De même que le sel (*lavaṇa*), regardé comme faisant partie du groupe des six saveurs, [change de nom et] est appelé du nom générique de *kšâra* (piquant) [du reste comme chacune des cinq autres substances (G)]; — de même *nišâda* est appelé *kâkalî*, et *gândhâra* (?), *antara* [47].

?? Le *sâdhâraṇa* des *jâtis* résulte de la diversité des toniques d'un même mode, mais de la réunion de [plusieurs] *jâtis* (?) : la dénomination est aisée à comprendre (?).

Le *sâdhâraṇa* des notes est de deux sortes, suivant les deux modes. Voici comment : dans le mode *šaḍja*, il y a *šaḍjasâdhâraṇa;* dans le mode *madhyama*, *madhyamasâdhâraṇa*.

Le *sâdhâraṇa* est ici une espèce de note distincte (?). Il en est ainsi pour le *šaḍjasâdhâraṇa ;* il y a de même *sâdhâraṇa* en mode *madhyama*.

En raison de la subtilité de son exécution, on l'appelle *kaiçika* [48].

Tel est le *sâdhâraṇa* des notes. Il s'emploie dans les *jâtis* où *gândhâra* et *nišâda* sont *alpas*.

— Suivent des *çlokas :*

37,38 ?? Les notes intermédiaires (*antara*) forment, dans la gamme ascendante, des séries où la différence entre les notes est toujours très petite (*svalpa*) (?); il n'en est pas de même dans la gamme descendante, où la différence est tantôt petite (*alpa*), tantôt grande (*bahu*) (?). — Les notes intermédiaires constituent l'attrait (*râga* [49]) des *jâtis*, et produisent les *çrutis*.

LES *jâtis* [50]. —

[Formules indiquant les principales dispositions mélodiques des notes, la structure possible des phrases musicales]

39,40 ? [Les *jâtis* où s'emploie le *sâdhârana* des notes sont au nombre de trois : *madhyamâ*, *pañcamî* et *ṣadja-madhyâ*. Les éléments (*aṅga?*) qui les composent [ou leurs toniques (*aṃça*)?] sont *ṣadja*, *madhyama* et *pañcama* . . . .]

41 L'auteur a déjà mentionné précédemment (?) les dix-huit *jâtis* : il en fera l'exposition en indiquant leurs *nyâsas* et *apanyâsas*.

41-45 ÉNUMÉRATION DES DIX-HUIT *jâtis*.

MODE *ṣadja*.	MODE *madhyama*.
ṣâdjî ou (*ṣâdjâ*) [51]	*gândhârî* (ou *gândhârâ*)
ârṣâbhî	*madhyamâ*
dhaivatî	*pañcamî*
niṣâdinî (ou *niṣâdavatî*)	*gândhârodîcyavâ*
ṣaḍ°odîcyavatî (ou *°dîcyavâ*)	*raktagândhârî*
ṣadjakaiçikî	*gândhârapañcamî*
ṣadjamadhyâ (ou *°madhyamâ*)	*madhyamodîcyavâ*
	nandayantî
	karmâravî
	ândhrî
	kaiçikî

(prose) De ces dix-huit *jâtis*, sept empruntent leur nom aux notes. Ces sept *jâtis* [simples] sont de deux sortes : naturelles (*çuddha*) ou artificielles (*vikṛta*). Les *jâtis* naturelles sont :

Mode *ṣaḍja.*	Mode *madhyama.*
ṣâḍjî	*gândhârî*
ârṣabhî	*madhyamâ*
dhaivatî	*pañcamî*
niṣâdavatî	

Elles sont naturelles, quand elles se composent de notes complètes (*anyûna*) [c'est-à-dire ayant toutes leurs *çrutis*], et sont pourvues d'*aṃças*, de *grahas* et de *nyâsas.*

Ces mêmes *jâtis* sont artificielles, quand elles ont subi une modification (*vikriyâ*) dans un, deux, ou plusieurs de leurs éléments — abstraction faite du *nyâsa* (?).

Ainsi elles sont tantôt naturelles, tantôt artificielles.

Pour ce qui est du *nyâsa,* dans les *jâtis* naturelles il est nécessairement (*niyamât*) à l'octave inférieur (*mandra*) (?); dans les *jâtis* artificielles, il n'y a pas là obligation.

Les onze *jâtis* résultat d'une combinaison, et artificielles :

De la combinaison [de *jâtis* simples] naissent onze [autres] *jâtis.*

46 Les *jâtis* simples sont naturelles ou artificielles; de leur combinaison résultent d'autres *jâtis :* elles sont naturelles-artificielles (*çuddhavikṛta*); il y en a, de plus, onze autres [artificielles?].

47 Pour chacune de ces onze *jâtis,* on va indiquer, brièvement et dans l'ordre, le mode de formation en ce qui concerne les notes, les toniques (*aṃça*), les *jâtis* [simples qui les composent].

48-54 TABLEAU DES ONZE *jâtis* COMPOSÉES

Leurs noms	Jâtis *composantes*
šadjamadhyamâ	*šâdjî* *madhyamâ*
šadjakaiçikî	*gândhârî* *šâdjî*
šadjodîcyavâ	*šâdjî* *gândhârî* *dhaivatî*
gândhârodîcyavatî	*šâdjî* *gândhârî* *pañcamî* (*madhyamâ*, G) *dhaivatî*
madhyamodîcyavâ	*gândhârî* *pañcamî* *madhyamâ* *dhaivatî*
raktagândhârî	*gândhârî* *pañcamî* *nišâdî*
ândhrî	*gândhârî* *âršabhî*
nandayantî	*âršabhî* *pañcamî* *gândhârî*
karmâravî	*nišâdî* *âršabhî* *pañcamî*
gândhârapañcamî	*gândhârî* *pañcamî*
kaiçikî	*šâdjî* *gândhârî* *madhyamâ* *pañcamî* *nišâdî*

55 Telles sont les *jâtis* composées; elles ont des carac-

tères distinctifs, appartiennent à l'un ou l'autre mode de la gamme, et leurs éléments sont les notes.

56 De ces dix-huit *jâtis,* quatre sont toujours nécessairement à sept notes (*saptasvara, sampûrṇa*);
quatre à six notes (*šaṭsvara, šâḍava*);
dix à cinq notes (*pañcasvara, auḍava*).

57-64 DIVISION DES *jâtis* D'APRÈS LE NOMBRE DES NOTES QU'ELLES POSSÈDENT :

	4 *sampûrṇâs*	4 *šâḍavâs*	10 *auḍavâs*
mode šaḍja	1 { *šaḍjakaiçikî*	1 { *šâḍjî*	5 { *âršabhî*, *dhaivatî*, *nišâdî*, *šaḍjamadhyamâ*, *šaḍjodîcyavatî*
mode madhyama	3 { *karmâravî*, *gândhârapañcamî*, *madhyamodîcyavâ*	3 { *gândhârodîcyavâ*, *ândhrî*, *nandayantî*	5 { *gândhârî*, *raktagândhârî*, *madhyamâ*, *pañcamî*, *kaiçikî*

61 Les *jâtis* à cinq notes [52] sont parfois *šâḍavâs* (c.-à-d. ayant six notes); les *jâtis* à six notes, parfois *auḍavâs* (c.-à-d. ayant cinq notes).

65 Telles sont les *jâtis* dans les deux modes de la gamme. Suit l'indication de la tonique *(amça)* qui leur convient.

66 La *jâti šaḍjamadhyamâ,* dans une échelle à six notes, ne peut avoir *nišâda* comme tonique. Par suite de la perte de sa consonante [qui est *nišâda*], *gândhâra* non plus ne peut être ici la tonique.

67 *Pañcama* ne saurait être la tonique des *jâtis* à six notes *gândhârî, raktagândhârî, kaiçikî;* pas plus que *gândhâra* de *šâḍjî.*

68 Avec *dhaivata* comme tonique, *šaḍjodîcyavatî* ne peut être *šâḍavâ* (à six notes) [ou (G) *dhaivata* n'est pas la tonique de cette *jâti* dans une échelle à six notes].

Quand elles perdent la consonante [de la note désignée comme ne pouvant être tonique (?)], ces sept (?) *jâtis* [53] cessent d'être *ṣâṭsvarîs* (à six notes) [et deviennent *âuḍavîs* (?)].

69 *Gândhârî* et *raktagândhârî*, dans une échelle à cinq notes, ont comme toniques : *ṣaḍja, madhyama, pañcama* et *niṣâda*.

70 Les toniques dans *ṣaḍjamadhyamâ* sont au nombre de deux : *gândhâra* et *niṣâda*; dans *pañcamî* la tonique est *ṛṣabha*; dans *kaiçikî, dhaivata*.

71 Telles sont les douze notes (?) [54] qui disparaissent dans les *jâtis* à cinq notes; mais ces *jâtis* n'appartiennent pas toujours à une échelle à cinq notes.

72 Les sept notes peuvent disparaître dans les *jâtis*, sauf *madhyama* qui subsiste toujours.

73 C'est que, des sept notes, *madhyama* est la note par excellence (*pravara*), l'impérissable (*anâçin*); *madhyama* fixée par les chantres du *sâma-veda* eux-mêmes dans le *gândharvakalpa* (traité de musique).

LES DIX ÉLÉMENTS CARACTÉRISTIQUES DES *jâtis* [55].

Ce sont :

74 *Graha* (note initiale), *aṃça* (tonique), *târa* (octave supérieur?), *mandra* (octave inférieur?), *nyâsa* (finale), *apanyâsa* (médiane), *alpatva* (diminution ou emploi rare?), *bahutva* (augmentation ou fréquence?), *ṣâḍava* (échelle à six notes), *auḍava* échelle à cinq notes).

Le *graha* [56]. —

75 La note initiale, dans toute *jâti*, est identique à la tonique ; la tonique, dans une *pravṛtti* (?) est à la fois tonique et initiale.

L'*aṃça* [57]. —

76-78 ? Fondement et source du charme musical (*râga*), condition du *mandra* et du *târa* relatif à cinq notes (?), note distinctement perceptible au milieu de la combinaison des différentes notes, note dominante pourvue de consonantes et d'auxiliaires, donnant naissance au *graha*, à l'*apanyâsa*, au *vinyâsa*, au *nyâsa*, au *saṃnyâsa*, enfin commandant tout développement (?), — tel est l'*aṃça* avec ses dix caractéristiques.

La *târagati* relative à cinq notes[58]. —

79 ? C'est seulement de la tonique à la quatrième note que se soutient la modulation de tête (?), ou bien jusqu'à la cinquième, ou encore de la cinquième [à la tonique?].

La *mandragati*[59]. —

(prose) La modulation de poitrine (?) est de trois sortes : relative à l'*aṃça* (*aṃçaparâ*), au *nyâsa* (*nyâsaparâ*), ou à l'*apanyâsa* (*apanyâsaparâ*).

80 ? Il n'y a pas lieu à *mandra* pour l'*aṃça* (?); pour le *nyâsa*, il y a deux *mandras* possibles : quand *gândhâra* représente le *nyâsa*, ce sont *ṛsabha* et *dhaivata* (?).

Le *nyâsa*[60]. —

(prose) 81 Il y a vingt-et-un *nyâsas*. Le *nyâsa* est la note qui termine une phrase (*aṅga*).

L'*apanyâsa*. —

(prose) 81 Il y a cinquante-six *apanyâsas*. L'*apanyâsa* est la note placée au milieu de la phrase.

(prose) ?? L'*alpatva*[61] est de deux sortes : par *laṅghana* et *anabhyâsa*. Du *laṅghana* de notes, promues à l'*antaramârga* de morceaux chantés, résulte la production du *ṣâḍava* et de l'*auḍava* (?); de l'*anabhyâsa*, résulte une seule émission (*sakṛd uccârana*) selon la *jâti* (?).

Le *bahutva*, l'inverse de l'*alpatva*, est de même de

deux sortes. Il y a *saṃcâra* pour d'autres *balins.*

82 ?? On a établi précédemment la distinction qu'il y a entre *alpatva* et *bahutva.*

Pour les *jâtis,* l'*alpatva* est produit au moyen des notes des *jâtis;* il est de même de deux sortes.

83 ?? Il y a *saṃcâra* pour les *jâtis* dont la tonique est *bala; alpatva* pour celles qui sont *durbala.* L'*antaramârga,* manifestation des *jâtis,* est ainsi de deux sortes.

(prose) Le *ṣâḍava,* échelle à six notes, compte quatorze espèces (*vidha*) et quarante-sept modes (*prakâra*) (?) [62]; on l'a déjà défini pour chacune des *jâtis,* à propos des *prakâras* des toniques.

84 L'*auḍava,* échelle à cinq notes, compte dix espèces et trente modes; la définition en a été donnée précédemment.

85 L'échelle à six notes, à cinq notes, ainsi que celle à quatre notes s'emploient dans les *dhruvâs avakṛṣṭâs* [63].

86 Le nombre des [notes susceptibles d'être] toniques, dans l'ensemble des *jâtis* des deux modes, s'élève à soixante-trois; elles sont en même temps notes initiales.

87-97 INDICATION DES TONIQUES-INITIALES DES DIX-HUIT *jâtis.*

Noms des jâtis.	*Notes toniques-initiales.*
madhyamodîcyavâ	*pañcama*
nandayantî	*pañcama*
gândhârapañcamî	*pañcama*
dhaivatî	*dhaivata* *ṛṣabha*
pañcamî	*pañcama* *ṛṣabha*
gândhârodîcyavâ	*ṣaḍja* *madhyama*
ârṣabhî	*niṣâda* *ṛṣabha* *dhaivata*

Noms des jâtis (*suite*).	*Notes toniques-initiales* (*suite*)
nišâdî	*nišâda* *gândhâra* *ṛšabha*
šaḍjakaiçikî	*šaḍja* *gândhâra* *pañcama*
šaḍjodîcyavatî	*šaḍja* *madhyama* *nišâda* *dhaivata*
karmâravî	*pañcama* *ṛšabha* *nišâda* *dhaivata*
ândhrî	*gândhâra* *ṛšabha* *pañcama* *nišâda*
madhyamâ	*šaḍja* *ṛšabha* *madhyama* *pañcama* *dhaivata*
gândhârî	*nišâda* *šaḍja* *gândhâra* *madhyama* *pañcama*
raktagândhârî	*nišâda* *šaḍja* *gândhâra* *madhyama* *pañcama*
šâḍjî	*dhaivata* *gândhâra* *šaḍja* *madhyama* *pañcama*

Noms des jâtis *(suite)*.	*Notes toniques-initiales (suite)*.
kaiçikî...............	*ṡaḍja* *gândhâra* *madhyama* *pañcama* *dhaivata* *niṡâda*
ṡaḍjamadhyamâ........	*ṡaḍja* *ṛṡabha* *gândhâra* *madhyama* *pañcama* *dhaivata* *niṡâda*

98 Telles sont les soixante-trois toniques-initiales des *jâtis;* dans toute *jâti* les initiales sont toujours identiques aux toniques.

99 Dans toutes les *jâtis,* les groupes (*gaṇa*) [de toniques (?)] sont appelés *trijâti* (?); il y a progression dans le nombre des notes [susceptibles d'être toniques] comme suit :

100 un, deux, trois, quatre, cinq, six, sept.

101 Le décompte des toniques-initiales a été fait précédemment. [L'auteur le résume à nouveau :]

1 *aṃça*	*madhyamodîcyavâ*........................	[*pa*]
	gândhârapañcamî........................	[*pa*]
	nandayantî (consacrée à l'amour)...........	[*pa*]
2 —	*dhaivatî* } les reines des ṡâḍavâs (?)	[*ri, dha*]
	pañcamî	[*ri, pa*]
	gândhârodîcyavâ....	[*sa, ma*]
3 —	*ârṡabhî*....	[*ri, dha, ni*]
	niṡâdini..........................	[*ri, ga, ni*]
	ṡaḍjakaiçikî	*sa, ga, pa.*
4 —	*ṡaḍjodîcyavatî*................	*sa, ma, ni, dha.*
	karmâravî.....................	*ri, pa, ni, dha.*
	ândhrî........................	*ri, pa, ni, ga.*

5 *aṃças*	*šâḍjî*	*sa, ga, ma, pa, dha.*
	madhyamâ	*sa, pa, ri, ma, dha.*
	gândhârî	*sa, ma, ga, ni, pa.*
	raktagândhârî	*sa, ma, ga, ni, pa.*
6 —	*kaiçikî*	*sa, ga, ma, pa, ni, dha.*
7 —	*šaḍjamadhyâ*	*sa, ri, ga, ma, pa, dha, ni.*

Telles sont les soixante-trois toniques.

[Suit un développement incomplet, et à coup sûr intercalé :]

108 . . . .

Au moment de la représentation (*prayogakâle*) on doit faire d'abord l'*âçrâvaṇâ* [64].

109 On l'exécute à l'aide des trois *mârgas* [65] : *citra, vârtika* et *dakšiṇa,* et avec le concours des quatre *gîtis* [66] : *mâgadhî,* etc.

110 Le prélude pur (*pûrvaraṅga-çuddha*) [67] terminé, on exécute la dernière partie (?) de l'*âçrâvaṇâ* (*kâṇḍikâçrâvaṇâ*) ; puis les *âsâritas* [68]; puis vient l'indication (?) (*jalpana*) des toniques des *jâtis*.

111 . . . .

[Lacune]

[L'indication des divers éléments de chacune des *jâtis* est encore une fois reprise et complétée [69] :]

112-114 šâḍjî.

5 aṃças : les sept notes à l'exclusion de *nišâda* et *ṛšabha.*
apanyâsas ; *gândhâra, pañcama.*
nyâsa : *šaḍja.*
šâḍava : supression de *nišâda.*
alpatva : *nišâda, ṛšabha.*
saṃcâra : *šaḍja-gândhâra, dhaivata-šaḍja.*
bâhulya : *gândhâra.*

115-117 âršabhî.

aṃças : *dhaivata, ṛšabha, nišâda.*
apanyâsas : — id. —
nyâsa : *ṛšabha.*

alpatva : *niṣâda.*
laṅghana, en montant (?) : *pañcama.*
ṣaṭsvara : suppression de *niṣâda.*
pâñcasvarya : suppression de *niṣâda* et *pañcama.*
saṃcâra : les notes *vivâdins* [*dha-ni, ri-ga*].

118-120 dhaivatî.

2 aṃças : *dhaivata, ṛṣabha.*
nyâsa : *dhaivata.*
apanyâsas : *dhaivata, ṛṣabha, madhyama.*
pâñcasvarya : *ṣaḍja, pañcama* (suppr.).
ṣâḍava : *pañcama.*
laṅghana, en montant (?) : *niṣâda, ṛṣabha.*
balavant : *gândhâra.*
[G ajoute :] saṃpûrṇâ, par suite de la présence des notes supprimées.

121-122 niṣâdî.

aṃças : *niṣâda, gândhâra, ṛṣabha.*
apanyâsas : — id. —
nyâsa : *niṣâda.*
ṣâḍava et auḍava : comme pour *dhaivatî.*
laṅghanîya et balavant : — id. —

123-124 ṣaḍjakaiçikî.

aṃças : *ṣaḍja, gândhâra, pañcama.*
apanyâsas : *ṣaḍja, niṣâda, pañcama.*
nyâsa : *gândhâra.*
le hînasvarya fait défaut.
daurbalya : *dhaivata, ṛṣabha.*

125-127 ṣaḍjodîcyavatî.

aṃças : *ṣaḍja, madhyama, niṣâda, dhaivata.*
nyâsa : *madhyama.*
apanyâsas : *dhaivata, ṣaḍja* (*ṛṣabha*, G).
saṃcâra : les *aṃças.*
pâñcasvarya : *pañcama, ṛṣabha.*
ṣâḍava : *ṛṣabha.*
balin : *gândhâra.*
[G. ajoute :] laṅghana : les notes du *pâñcasvarya.*

128-130 ṣaḍjamadhyâ.

aṃças : les sept notes.
apanyâsas : — id. —
nyâsa : *ṣaḍja* ou *madhyama*.
pâñcasvarya : *gândhâra*, *niṣâda*.
ṣâḍava : *niṣâda*
saṃcâra : les sept notes.

131 Telles sont les *jâtis* du mode *ṣaḍja*; suivent celles du mode *madhyama*.

132-134 gândhârî.

5 aṃças : exclusion de *niṣâda* et *ṛṣabha*.
apanyâsas : *ṣaḍja*, *pañcama*.
nyâsa : *gândhâra*.
ṣâḍava : *ṛṣabha*.
auḍavita : *ṛṣabha*, *dhaivata*.
laṅghanîya : *ṛṣabha*, *dhaivata*.

135-136 raktagândhârî.

Les éléments : nyâsa, hînasvarya et autres (aṃças) sont identiques à ceux de gândhârî.
[L'auteur ajoute :]
balin : *dhaivata*, *niṣâda*.
saṃcâra : *gândhâra-ṣaḍja*.
ṣâḍava : *ṛṣabha*.
apanyâsa : *madhyama*.

137-138 gândhârodîcyavâ.

2 aṃças : *ṣaḍja*, *madhyama*.
le pâñcasvarya fait défaut.
ṣâṭsvarya : *ṛṣabha*.
alpa et bahutva : comme pour *ṣaḍjodîcyavâ*.
nyâsa et apanyâsas : — id. —

139-141 madhyamâ.

aṃças : exclusion de *gândhâra* et *niṣâda*.
apanyâsas : — id. —

nyâsa : *madhyama.*
pâñcasvarya : *gândhâra, niṣâda.*
ṣâṭsvarya : *gândhâra.*
bâhulya : *ṣaḍja, madhyama.*
laṅghana ou daurbalya (G) : *gândhâra.*

142 madhyamodîcyavâ.

aṃça : *pañcama.*
Le reste de la règle, comme pour *gândhârodîcyavâ* (pour *madhyamâ,* d'après la leçon fautive de A).

143-145 pañcamî.

2 aṃças : *ṛṣabha, pañcama.*
apanyâsas : — id. — et *niṣâda.*
nyâsa : *pañcama.*
ṣâḍava et auḍavita : comme pour *madhyamâ.*
daurbalya : *ṣaḍja, gândhâra, pañcama.*
saṃcâra : *pañcama* et *ṛṣabha.*
? gamana : *gândhâra.*
alpa : *niṣâda.*

146-147 gândhârapañcamî.

aṃça : *pañcama.*
2 apanyâsas : *pañcama, ṛṣabha.*
nyâsa : *gândhâra.*
pûrṇasvarâ.
saṃcâra : *gândhâra-pañcama.*

148-150 ândhrî.

4 aṃças : *ṛṣabha, pañcama, gândhâra, niṣâda.*
apanyâsas : — id. —
nyâsa : *gândhâra.*
ṣâḍava : *ṣaḍja.*
saṃcâra : *gândhâra-ṛṣabha* (*ṣaḍja* G).
? nyâsa (gatyanupûrvaçaḥ) : *niṣâda, ṣaḍja.*
laṅghana : *ṣaḍja.*
l'auḍavita fait défaut.

151-153 nandayantî.

nyâsa : *gândhâra (madhyama? G).*
apanyâsa : *madhyama (pañcama? G).*
aṃça : *pañcama.*
laṅghanîya : *ṣadja* et la note *aṃça.*
saṃcâra : comme pour *ândhrî.*
? Dans le *mandra,* il y a laṅghana de *ṛṣabha* [au lieu de *ṣadja*]; mais dans le *târa* il y a laṅghana de *ṣadja,* qui n'est jamais dépassé [*ou* : qui parfois n'est pas supprimé] (?) *(nâtîvartate).*
graha : *gândhâra.*
nyâsa : — id. —
[G ajoute :] ṣâḍava : *ṣadja.*

154-155 karmâravî.

aṃças : *ṛṣabha, pañcama, dhaivata, niṣâda.*
apanyâsas : — id. —
nyâsa : *pañcama.*
le hînasvarya fait défaut.
? gamana : *gândhâra.*

156-159 kaiçikî.

aṃcas : les sept notes moins *ṛṣabha.*
apanyâsas : — id. —
nyâsas : *gândhâra, niṣâda.*
Quand *dhaivata* ou *niṣâda* sont aṃças, le nyâsa est *pañcama,* et, dans ce cas, l'apanyâsa est parfois *ṛṣabha.*
ṣâḍava : *ṛṣabha.*
auḍavita : *dhaivata, ṛṣabha.*
balins : *ṣadja, pañcama.*
daurbalya et laṅghana : *ṛṣabha.*
saṃcâra : comme pour *ṣadjamadhyâ.*

160 Telles sont les *jâtis* avec leurs dix éléments : elles s'exécutent combinées avec les paroles (*pada*) (?), accompagnées de mouvements rhythmiques (*karaṇa*) [70] et de la mimique dramatique (*abhinaya*).

161 L'auteur [dans l'*adhyâya* suivant] indiquera les *rasas*

et les *bhâvas* (sentiments) [71] auxquels elles sont affectées; il dira comment chaque *jâti* s'emploie pour rendre tel ou tel sentiment.

[Nous résumons, dans le tableau ci-après, les éléments essentiels des *jâtis*.]

TABLEAU DES 18 JATIS

Mode.	Nom des jâtis.	jâtis composantes.	Etendue de l'échelle ordinaire.	NOTES SUPPRIMÉES — Echelle à 6 notes.	NOTES SUPPRIMÉES — Echelle à 5 notes.	Les 63 amças	Les 21 nyâsas.	Les 56 apanyâsas.
šadja	šâdjî		*šâḍavâ*	nišâda	? nišâda ṛšabha	šadja gândhâra madhyama pañcama dhaivata	šadja	gândhâra pañcama
	âršabhî		*auḍavâ*	nišâda	nišâda pañcama	ṛšabha dhaivata nišâda	ṛšabha	ṛšabha dhaivata nišâda
	dhaivatî		*auḍavâ*	pañcama	pañcama šadja	ṛšabha dhaivata	dhaivata	ṛšabha dhaivata madhyama
	nisâdî		*auḍavâ*	pañcama	pañcama šadja	ṛšabha gândhâra nišâda	nišâda	ṛšabha gândhâra nišâda
	šaḍjodîcyavâ	šâdjî gândhârî dhaivatî	*auḍavâ*	ṛšabha	ṛšabha pañcama	šadja madhyama dhaivata nišâda	madhyama	šadja dhaivata
	šaḍjakaiçikî	šâdjî gândhârî	*sampûrṇâ*			šadja gândhâra pañcama	gândhâra	šadja pañcama nišâda
	šaḍjamadhyamâ	šâdjî madhyamâ	*auḍavâ*	nišâda	nišâda gândhâra	šadja ṛšabha gândhâra madhyama pañcama dhaivata nišâda	šadja madhyama	šadja ṛšabha gândhâra madhyama pañcama dhaivata nišâda
madhyama	gândhârî		*auḍavâ*	ṛšabha	ṛšabha dhaivata	šadja gândhâra madhyama pañcama nišâda	gândhâra	šadja pañcama
	madhyamâ		*auḍavâ*	gândhâra	gândhâra nišâda	šadja ṛšabha madhyama pañcama dhaivata	madhyama	šadja ṛšabha ~~madhyama~~ pañcama dhaivata
	pañcamî		*auḍavâ*	gândhâra	gândhâra nišâda	ṛšabha pañcama	pañcama	ṛšabha pañcama nišâda
	gândhârodîcyavâ	šâdjî gândhârî pañcamî dhaivatî	*šâḍavâ*	ṛšabha		šadja madhyama	madhyama	šadja dhaivata
	raktagândhârî	gândhârî pañcamî nišâdî	*auḍavâ*	ṛšabha	ṛšabha dhaivata	šadja gândhâra madhyama pañcama nišâda	gândhâra	madhyama
	gândhârapañcamî	**gândhârî pañcamî**	***sampûrṇâ***			**pañcama**	**gândhâra**	**ṛšabha pañcama**
	madhyamodîcyavâ	gândhârî madhyamâ pañcamî dhaivatî	*sampûrṇâ*			pañcama	madhyama	šadja dhaivata
	nandayantî	âršabhî gândhârî pañcamî	*šâḍavâ*	šadja (G)	?	pañcama	gândhâra (madhyama ? G)	madhyama (pañcama ? G)
	karmâravî	âršabhî pañcamî nišâdî	*sampûrṇâ*			ṛšabha pañcama dhaivata nišâda	pañcama	ṛšabha pañcama dhaivata nišâda
	ândhrî	âršabhî gândhârî	*šâḍavâ*	šadja		ṛšabha gândhâra pañcama nišâda	gândhâra	ṛšabha gândhâra pañcama nišâda
	kaiçikî	šâdjî gândhârî madhyamâ pañcamî nisâdî	*auḍavâ* (parfois *sampûrṇâ*)	ṛšabha	ṛšabha dhaivata	šadja gândhâra madhyama pañcama dhaivata nišâda	gândhâra nišâda pañcama	šadja gândhâra madhyama pañcama dhaivata nišâda ṛšabha

NOTES ET REMARQUES ADDITIONNELLES

1 *âtodya*, (rac. *tud*, pousser, frapper), désigne ici l'ensemble des instruments de musique. Le *Dict. de Saint-Péters.*, ne donne à ce mot que le sens d'instrument particulier, instrument à percussion. Mais nous trouvons dans les commentaires *(Rhaguvaṃça*, XV, 88. — *Éd. Calcutta*, 1833) le terme *vâditra*, dont le sens est sûr, donné comme synonyme à ce mot.

Bharata reprend à plusieurs reprises, dans le *Nâṭya-çâstra*, cette division des quatre espèces d'instruments de musique, à peu près dans les mêmes termes. — Comp. VI, 27-29 (Paul Regnaud, *La Rhétorique sanskrite. — Textes*, p. 3); XXXIII, 14-15 (inédit).

On compte, d'après Mohun Tagore (Public opinion... about the Bengal Music School..., p. 27), jusqu'à 99 instruments divers en usage dans l'Inde.

2 *tata, tantrî*. (Rac. *tan*, étendre, tendre). Les instruments à cordes seraient au nombre de 35.

3 *avanaddha*. (Rac. *nah*, attacher; avec *ava*° : couvrir). Cette classe, appelée aussi *ânaddha*, comprend 32 instruments à percussion, ou tambours, recouverts de peau.

4 *ghana*, (rac. *han*, frapper), désigne une autre classe d'instruments à percussion faits de métal. On en cite 14.

5 *suṡira* ou *çuṡira (Bhâratiya-nâṭya-çâstra*, XXXIII, 15, inédit). Les instruments à vent sont au nombre de 18. — Peut-être conviendrait-il de rattacher *çuṡira* à la rac. *çuṡ*, *çvas*, siffler, souffler : comp. *çuṡila*, vent.

6 *pauṡkara*, dérivé formé sur *puṡkara*, signifie ici : relatif aux tambours, sens qui ne se trouve pas au *Dict. de Saint-Péters.*

puṡkara (comp. *puṡkala)*, y est donné comme signifiant lotus bleu; c'est aussi la peau d'un tambour et une espèce de tambour.

On serait presque tenté d'y voir une onomatopée : *puṡkara* désignerait l'instrument qui fait *puṡ*, son qui serait censé reproduire le bruit du tambour. L'analogie de *dundubhi* (même sens) rend possible cette interprétation. Dans ce dernier mot l'onomatopée résulte clairement d'une stance tirée d'un manuscrit de la Faculté des Lettres de Lyon, publié et traduit par M. Paul Regnaud, *La Guirlande de lotus (Ann. de la Fac. des Lettres de Lyon*, 1re année, *fasc.*, II, 1883) :

« Le tambour *(dundubhi)*, est essentiellement inintelligent; aussi de sa bouche sort ce cri qui se répand partout : « *dhanaṃ, dhanaṃ, dhanam* », du butin, du butin, du butin!..... »

7 *tâla* signifie aussi mesure (battue avec la main, *tala*). La cymbale est ainsi appelée probablement comme servant surtout à marquer la mesure

8 *vaṃça*, primitivement roseau, bambou.

9 *nâṭyakṛta*. Par ce mot nous entendons le drame proprement dit, c'est-à-dire le dialogue ou diction, la mimique ou gesticulation et peut-être même la danse.

10 *kutapavinyâsa*. Nous proposons pour *kutapa* le sens de groupe d'exécutants, orchestre, qui n'est pas donné au *Dict. de Saint-Pétersb.*, où l'on ne trouve que celui de « espèce d'instrument. » Ce sens paraît découler de notre texte, et de plusieurs passages des *adhyâyas* encore inédits. Comp. surtout V, 12, 17, 85-6, 103.

Nous avons à l'*adhyâya* XXXIII, la disposition des exécutants sur la scène, l'indication du *kutapavinyâsa :*

tatropaviṣṭaiḥ (*ms. e.*) *prâṅmukho* (*ms. e*) *raṅge kutapaniveçanaç (ca) kartavyaḥ. tatra pûrvoktayor nepathyagṛhadvârayor madhye* [*kutapavinyâsaḥ.*] *pûrvâbhimukho mârdaṅgikaḥ. tasya ca pâṇavakadârdurikau* (*ms. o*) *vâmataḥ. dakṣiṇataç cottarâbhimukho gâyakaḥ. gâyakasya vâmapârçve vaiṇavikaḥ. dakṣiṇena* [*vaipañcika*]*vaṃçavâdakau. gâtur abhimukhâ gâ*[*y*]*ikâḥ. iti kutapavinyâsaḥ.*

11 *parigraha*. L'entourage du chanteur, c'est probablement le groupe des chanteuses (*gâyikâ*). Comp. *adhyâya* XXXIII, endroit cité.

12 *vipañcî*. (*dvi-pañcan ?*) espèce de luth à sept cordes : il se joue avec un plectre d'acier. Pour la description de cet instrument et des suivants, on peut consulter la petite plaquette de Mohun Tagore : *Short notices of Hindu musical instruments*, Calcutta, 1877 ; — ainsi que la compilation de textes sanskrits du même auteur : *Saṃgîta-sâra-saṃgraha*, Calcutta, 1875, — *adhyâya* IV, p. 177 et suiv. (Voyez encore un article de M. Rost dans l'*Athenæum*, n° 3132, p. 612.)

13 *vîṇâ*, autre nom de luth, instrument très ancien et très connu. Les espèces en sont nombreuses : *çrutivîṇâ, citrâvîṇâ, brahmavîṇâ, rudravîṇâ, kacchapî*, etc., etc.

14 *mṛdaṅga*, instrument à percussion, sorte de tambour recouvert de peau, dont on joue avec les mains. Comp. *mardala*, même sens (rac. *mard*, frotter, écraser ?)

15 *paṇava*, petit tambour à mains, couvert de peau. Le synonyme *praṇava* autorise peut-être l'étymologie *pra-nu*, résonner, retentir.

16 *dardura*, et *dardara*. Autre tambour. Nous hésitons à assigner à ce mot le mode de formation par onomatopée. On peut y voir encore un redoublement de la racine *dar*, éclater avec bruit, fendre.

17 *nânâdeçasamâçraya*. L'exécution scénique varie suivant les pays. Nous entendons par là que le dialogue, suivant les personnages qu'il met en scène, emprunte tel ou tel dialecte (*bhâṣa*). Comp. *adhyâya* XVII, 27 (inédit) :

nânâdeçasamuttham hi kâvyaṃ bhavati nâṭake ||
mâgadhy avantijâ prâcyâ sûrasenу ardhamâgadhî |
bâhlîkâ dâkṣiṇâtyâ ca sapta bhâṣâḥ prakîrtitâḥ ||

18 *alâtacakrapratimam*, à l'image d'un cercle de feu, c'est-à-dire en étroite relation, sans solution de continuité. Comp. *Râmâyana*, éd. Gorresio, III, 29, 4; IV, 5, 25 (*alâtacakravac cakraṃ bhramato*).

19 *vâdya*. Ce terme est un de ceux par lesquels on désigne la musique instrumentale. C'est un synonyme du mot *âtodya*. Il se rattache comme *vâditra*, même sens, à la rac. *vad*, parler, appeler. Le 33e *adhyâya* du *Nâṭya-çâstra* est intitulé *vâdyâdhyâya* ou *bhâṇḍavâdya*°.

20 *gândharva*. Nous avons vu (*çloka* 4; comp. *çloka* 10) que le *tata* comprend la musique vocale et, dans la musique instrumentale, les instruments à cordes et à vent. Il faut probablement y faire entrer encore les instruments à percussion du genre *ghana*. Le genre *avanaddha* seul resterait en dehors de cette grande classe, et en constituerait une à lui seul (*çloka* 3). Le drame (diction, mimique, danse?) forme la troisième grande division.

Nous voyons que le corps humain, le luth et la flûte sont les trois *instruments* sur lesquels repose la science du *gândharva*. Cette science traite de trois objets distincts; elle embrasse : 1° la théorie des sons musicaux; 2° la grammaire et la métrique appliquées au texte chanté; 3° le rhythme musical et la mesure.

Cette classification surprend un peu nos habitudes : elle réunit sous une même expression des catégories que nous distinguons soigneusement : elle est trop large ou trop étroite. Nous la jugeons peu fondée.

Le nom de *gândharva*, donné au genre déjà désigné par le mot *tata*, atteste la facilité avec laquelle les Hindous entassent, sans raison logique, divisions sur divisions, et ajoutent les dénominations aux dénominations.

Ce terme revient assez souvent dans les textes avec le sens général de science, parfois d'exécution musicale.

Il est peut-être intéressant de remarquer que le *gândharvaveda*, un des quatre *upavedas*, donné comme annexe au *sâmaveda*, est attribué par l'auteur Madhusûdanasarasvatî à notre *muni* Bharata. Cet *upaveda* serait un véritable traité (*çâstra*) consacré au chant, à la musique instrumentale et à la danse, et son objet serait, entre autres choses, le poursuite de la faveur des dieux et de l'état extatique appelé *nirvikalpa*.

(Voy. *Indische Studien*, I, p. 22, et comparez Râm-Dâs-Sen, *Aitihâsika-rahasya*, I, p. 164).

Nous croyons cependant, avec le prof. A. Weber (*Ind. lit.*, 2e éd., p. 290), que le mot *upaveda* ne désigne pas un traité véritable et distinct, mais que sous ce terme générique on classe un ensemble d'ouvrages rattachés par leur objet à l'un ou à l'autre des *védas*. Peut-être est-ce une allusion aux *adhyâyas* du *Nâṭya-çâstra* qui traitent plus spécialement du chant de la musique et de la danse?

Nous noterons encore que dans le drame *Mṛcchakaṭikâ* (Acte III, 1) Vardhamanaka attend son maître qui est allé entendre un *gândharva*. Le scoliaste explique ce terme par l'expression *saṃgîtasahitaṃ gîtam* : on peu donc le rendre par notre mot « concert ». (Paul Regnaud, *Le Chariot d Terre-Cuite*, t. II, p. 26, notes.)

21 *gandharva*. Ce sont, nous dit Bharata, les *gandharvas* qui ont donn leur nom à cette partie de l'art musical. Les *gandharvas* étaient des être

mythologiques, revêtus de fonctions et d'attribus divers, prenant part aux luttes des dieux sur la terre ou au ciel, avant d'être confinés au rôle de musiciens du paradis d'Indra. Si nous en croyons l'auteur du *Raghuvaṃça* (XV, 88, éd. Calcutta, 1832), ce fut le héros Bharata qui opéra la transformation :

« Ce fut alors que Bharata, ayant défait dans une bataille les *gandharvas*, leur enleva leurs armes, et les réduisit aux seuls instruments de musique. »

bharatas tatra gandharvân yudhi nirjitya kevalam |
âtodyaṃ grâhayâmâsa samatyâjayad âyudham ||

22 *svara*. Ce mot est pris dans la même page, croyons-nous, sous trois acceptions différentes. Nous lui donnons d'abord le sens général de « son musical », puis nous le restreignons à celui de « note »; enfin, en grammaire il désigne le son voyelle.

Bharata distingue le son vocal et le son instrumental. Le premier est produit par le luth corporel (*çârîrî vîṇâ*), autrement dit par les cordes vocales; le second par le luth fait de bois (*dâravî*). (Comp. *Amarakoça*, Bombay, 1882, I, 7, 1, p. 40). Quelques théoriciens hindous complètent cette classification, en distinguant encore le son produit par les instruments à vent, comme la flûte, etc. (Voyez : Mohun Tagore, *Six principal Râgas, with a brief wiew of Hindu Music.* — Calcutta, 1877, p. 5. — *Saṃgîta-sâra-saṃgraha,* I, p. 21, l. 11, 12. Texte du *Saṃgîta-nârâyaṇa*).

Remarquons que les éléments des deux *vîṇâs* sont à peu près les mêmes, bien que l'énumération de ceux de la *vîṇâ* instrumentale soit plus complète. Nous ne croyons pas qu'il y ait lieu d'attacher une bien grande importance à cette division, qui paraît oubliée dans le reste de l'*adhyâya*.

Parmi les termes de cette énumération, les *vṛttis*, les *varṇas*, les *alaṃkâras*, les *dhâtus*, les *gîtis* seront définis et exposés dans le 29e *adhyâya*; les *sthânas* l'ont été, comme nous l'avons déjà dit, dans le 17e-19e. Les autres font l'objet de l'*adhyâya* publié par nous, et seront expliqués plus loin.

23 *pada*. Ainsi que nous le voyons par l'énumération qui le suit, ce mot doit être pris dans le sens de texte, de paroles du chant. La science qui étudie les éléments du *pada* n'est autre que la grammaire et avec elle la métrique; elles n'ont, la première surtout, que des rapports lointains avec la musique.

Bharata consacre à l'exposé des règles du *pada* un *adhyâya*, le 14e.

On y trouve déjà, mot pour mot (*çloka* 5), le 16e *çloka* de notre texte. Dans le 32e *adhyâya* il reprend enfin l'exposé du *pada nibaddha* et *anibaddha*.

24 *tâla*. Le 31e *adhyâya*, intitulé *tâlavyañjaka*, est consacré tout entier à l'étude du rhythme musical et de la mesure.

Le ms. A, dont nous avons adopté le texte, n'offre que 19 subdivisions du *tâla*, au lieu des 21 annoncées. Nous en avons parfait le nombre dans notre interprétation, à l'aide des variantes de G.

25 *Les notes*. Si l'on considère les noms donnés en sanskrit aux sept notes de l'échelle musicale, on est tenté d'expliquer l'origine de la plupart de ces dénominations par le rang que les notes occupent dans l'échelle. Telle paraît être du moins l'explication du nom de *madhyama*, donné à la note placée au milieu des deux tétrachordes, et de celui de *pañcama*, à la cinquième. (*Indische Studien*, IV, p. 351). Ce qui permet de croire que cette

interprétation est exacte, c'est que la septième note, *nišâda*, est très souvent désignée par le mot *saptama*.

M. Adolphe Régnier en propose, il est vrai, une autre; car les sept notes ne sont pas toujours désignées sous les noms que nous trouvons dans l'ouvrage de Bharata, ni disposées dans le même ordre. Après avoir indiqué le rang que Wilson attribue à ces notes dans son *Dictionnaire sanskrit*, il ajoute : « *pañcama*, » *cinquième*, marquerait que le souffle qui forme la *septième* note vient de cinq places ou organes. Au reste, il faut bien admettre des explications de ce genre pour rendre raison de la plupart des noms de la seconde liste [*sama, çukra, ašṭama, prathama, dvitîya, caturtha, mandra*], donnée par le scoliaste, et particulièment de celui d'*ašṭama*, ou « huitième », dans une énumération qui ne comprend que sept objets ». (*Rig-Veda-Prâtiçâkhya*, Journal Asiatique, 1858, 5e série, t. 11, p. 325).

C'est l'étymologie que nous trouvons attribuée à la note *šadja*, dans un texte du *Saṃgîta-sâra-saṃgraha* (p. 25), reproduit, avec variantes, par le commentateur de l'*Amarakoça* (éd. Bombay, 1882, p. 40). La note *šadja* est supposée exiger l'emploi simultané de six organes : le nez, le gosier, la poitrine, le palais, la langue et les dents; elle naît de ces six organes.

nâsâṃ kaṇṭhaṃ uras tâluṃ jihvâ ıı *dantâṃç ca saṃspṛçan* |
šaḍbhyaḥ saṃjâyate yasmât tasmât šaḍja iti smṛtaḥ ||

Il est vrai que le *Dict. de St-Péters.* entend que la note *šaḍja* est née des six autres notes, qu'elle repose sur elles; — explication bien peu satisfaisante, car la note *šaḍja* serait plutôt le fondement des six autres. (Voyez encore *Indische Studien*, IV, p. 351.)

Pour l'étymologie des quatre notes qu'il nous reste à examiner, nous citerons l'opinion du prof. A. Weber. (*Indische Studien*, IV, p. 140, note.)

« *Nišâda* et *gândhâra*, dit-il, tirent leur nom du cri perçant et sauvage des peuples montagnards que ces termes désignent; *ṛšabha* et *gândhâra*, du beuglement sourd du taureau et du chant uniformément doux des pêcheurs. En tout cas, ces désignations sont assez anciennes, car on perdit bientôt généralement la notion des Gândhâras ».

Quand ils veulent solfier ou noter un chant, les Hindous se servent de la syllabe initiale du nom qui désigne chaque note : ce qui donne pour l'échelle la disposition suivante :

sa, ri (et non *ṛ*), *ga, ma, pa, dha, ni.*

Ces abréviations sont employées même dans les textes, principalement dans les énumérations en vers. (Comp. *Nâṭya-çâstra, çl.* 103-107).

Le prof. A. Weber a émis, après Bohlen (*Das Alte Indien,* 1830, II, p. 195-6) et Benfey (art. *Indien.* p. 299, *Encycl. d'Ersch et Grüber*), l'hypothèse que notre gamme occidentale, établie par Gui d'Arezzo sous la forme *do, re, mi, fa, sol, la,* pourrait bien nous être venue de l'Inde, par l'intermédiaire des Arabes et des Persans. (*Ind. Lit. Geschichte,* 2e éd., p. 291, 367; et *Indische Streifen*, III, p. 544.)

26 *šaḍja*, etc. Les noms des sept notes subissent parfois dans la transcription quelques déformations. Ainsi Mohun Tagore écrit : *šarja, rišava*... Si nous en croyons W. Jones et J. Paterson, *šaḍja* devrait être prononcé *šarja* ou *kharja; ṛšabha : rikhabh; nišâda : nikhad.* Nous avons déjà

signalé dans notre texte (p. 23) des traces analogues de prâkritisme.

Les auteurs européens s'entendent généralement pour établir ainsi la correspondance entre les notes des gammes hindoue et occidentale :

sa, ri, ga, ma, pa, dha, ni.
C, D, E, F, G, A, B.
do, ré, mi, fa, sol, la, si.

Voyez surtout Mohun Tagore : *Sic principal Rágas, Introd.*, p. 42 ; — Burnell, *The Arsheyabráhmana, Introd.*, p, 42; — *Hindu Music from various authors* (Mohun Tagore ; Calcutta, 1875), p. 41, etc., etc. ; — et consultez *contra* Fétis, *Histoire de la Musique*, II, p. 206, note.

7 *çruti*. Le *nâda*, ou son physique, son brut, donne naissance aux *çrutis*, qui, à leur tour, constituent les éléments essentiels des *svaras* ou notes. Un son doué d'une qualité musicale est appelé *svara*. Il n'est *çuddha svara*, ou pur, naturel, que s'il possède toutes ses *çrutis*, — s'il possède, dirions-nous, le nombre de vibrations qui lui est propre.

Nous trouvons donc les *çrutis* à la base des sons musicaux ; aussi est-il nécessaire de bien démêler la nature et la signification de ce mot.

Il se rattache à la racine *çru*, écouter, entendre ; sa signification commune est audition, fait d'entendre. Dans l'acception musicale, les *çrutis* sont des molécules de son perceptibles par l'oreille, les éléments les plus subtils des sons :

ete tu dhvanibhedâḥ syuḥ çravaṇât çrutisaṃjñitâḥ |
Saṃgîta-ratnâvalî

(Cité par Mohun Tagore : *Hindu Music, reprinted from the Hindu Patriot*, 1874, p. 16.)

çrutayaḥ syuḥ svarabhinnâ' çravaṇatvena hetunâ |
Saṃgîta-parijâta (*çl.* 38, éd. Calcutta, 1884).

Nous n'avons pas, dans nos langues, de terme précis qui rende ce mot *çruti* : la *çruti* est une quantité fixe ; mais, selon la position dans l'échelle de la note à laquelle ils appartiennent, ces intervalles correspondent à des quarts de ton, à des tiers de ton ou à des demi-tons.

28 *Notes consonantes*. La théorie des quatre catégories, sous lesquelles se rangent les notes, varie suivant les auteurs : leurs définitions sont des plus contradictoires. Nous nous bornerons aujourd'hui à faire quelques observations sur le texte de Bharata, qui présente lui-même certaines difficultés.

Remarquons d'abord que le nombre des *çrutis* de l'échelle étant de 22, on trouvera entre deux notes consonantes 9 ou 13 *çrutis*, suivant qu'on montera ou descendra la gamme.

Si nous nous en tenions strictement à la définition de Bharata, nous devrions modifier le tableau que nous donnons des notes consonantes.

Dans le mode *ṣaḍja* nous comptons 9 *çrutis* entre *ri* et *pa* : ces deux notes seraient donc aussi consonantes en *ṣaḍja*. De plus, en *madhyama* nous devrions éliminer du tableau *ri* et *dha*, qui ont entre elles 12 *çrutis* ; mais en revanche ajouter *dha* et *ga*, *pa* et *sa*.

29 *Notes dissonantes*. La définition que nous donnons des notes dissonantes n'est guère concluante : car, vérification faite, les notes désignées comme telles se suivent avec un intervalle de 3 *çrutis* et non de 20. Peut-être faut-il corriger dans le texte *viṃçatikam* en *triçrutikam*. Nous n'avons

pas cru pouvoir, sans y être autrement autorisé, hasarder cette restitution. Disons cependant que tous les théoriciens s'accordent à mentionner les notes *ri-ga*, *dha-ni* comme dissonantes.

30 *Notes auxiliaires*. La définition est présentée sous une forme peu satisfaisante. Il n'était pas besoin d'indiquer qu'une même note ne pouvait, étant tonique, être en même temps sa propre auxiliaire. Pour dresser le tableau, nous n'avons à notre disposition que le texte de G, très sujet à caution. Nous le donnons cependant tel quel, mais en remarquant que dans ce tableau figurent d'une part *pa-sa*, de l'autre *pa-ri*, *ni-ga* qui, d'après les indications précédentes, sont déjà consonantes, — tout comme les notes *dha-ri* pour lesquelles nous avons fait des réserves.

31 *Manque de justesse*. Nous n'osons répondre que cette interprétation soit exacte ; mais nous n'en voyons pas d'autre possible.

32 *grâma*. Le mot *grâma*, littéralement : groupement, village, signifie, dans son acception musicale, un groupe (*samûha*, *saṃdoha*) de notes disposées convenablement (*suvyavasthâna*). Le prof. A. Weber (*Ind. Lit. Geschichte*, 2e éd., p. 367-8), croit pouvoir faire dériver de ce mot sanskrit *grâma* (prâkrit *gama*) le français *gamme* et l'anglais *gamut*, empruntés au *gamma* de Gui d'Arezzo ; et y voir un témoignage direct de l'origine hindoue de notre échelle européenne à sept notes. (Comparez *Public Opinion*,... publié par Mohun Tagore, supplément, p. 12 ; et A. Weber, *Ind. Streifen*, III, p. 544.)

33. *Mode ṣaḍja*, *madhyama*. Nous n'avons pas cru devoir, pour éviter toute confusion, traduire, conformément au procédé habituel, par *gamme ṣaḍja*, *gamme madhyama*. Les deux *grâmas* sont, selon nous, deux modes distincts de la gamme ; il y a entre eux une différence analogue à celle qui sépare, dans notre musique occidentale, le mode majeur du mode mineur.

Dans le *madhyamagrâma*, — du moins d'après notre texte, — la série des notes commençant à *ma* (Mohun Tagore la fait commencer à *sa*), ne présente pas le même nombre de *çrutis* disposées dans le même ordre que dans le *ṣaḍjagrâma*, qui peut être considéré comme le mode de la gamme-type. En d'autres termes les intervalles affectés aux notes ne suivent pas la même disposition dans les deux *grâmas* : ils diffèrent par autre chose que par le choix de la tonique. Il n'y a que deux *çrutis* en *ṣaḍja* entre la troisième et la quatrième, il y en a quatre en *madhyama* ; inversement, tandis que le premier de ces modes présente quatre *çrutis* entre la quatrième et la cinquième, le second n'en compte que deux.

Ajoutons que la différence est encore plus sensible entre les deux *grâmas* que nous venons d'indiquer et le *gândhâragrâma*, un troisième mode que plusieurs théoriciens, postérieurs à Bharata, mentionnent. Ils déclarent, il est vrai, qu'il est tombé en désuétude, ou même qu'il n'a jamais été en usage que chez les dieux, ce qui ne les empêche pas, du reste, d'en présenter la définition et l'échelle.

34 *Vingt-deux intervalles*. L'ordre naturel de cette énumération serait : quatre, trois, deux, quatre, quatre, trois, deux. Le déplacement s'explique peut-être par les nécessités du mètre.

35 *apakṛṣṭa*. En d'autres termes, *pañcama* perd une *çruti* au profit de *dhaivata*, et se trouve réduit à ses trois premières *çrutis* (*svopântaçrutisaṃ-*

stha) en *madhyama*, alors que, dans la gamme primitive, cette même note *pañcama* est naturelle (*nirvikârin*). — (*Saṃgîta-sâra-saṃgraha*, p. 28).

Cette théorie n'est pas celle que présente Mohun Tagore. Pour lui « le *madhyamagrâma* est déduit du *ṣadja* par la réduction de l'intervalle entre *pa* et *dha* d'une *çruti*, et la position de *ni* deux *çrutis* plus bas dans l'échelle (*Six principal Râgas*, Introduction, p. 24).

36 *Théorie des çrutis*. Nous donnons, en suivant pas à pas le texte, une traduction approximative de cette démonstration obscure, dont nous n'avons pu dégager un sens satisfaisant. La lacune du ms. G, résultat d'une confusion évidente, contribue encore à rendre douteuse la lecture du seul manuscrit que nous ayons à notre disposition.

Nous en sommes réduit à remarquer que les deux notes du premier luth, dont il est question tout d'abord, *ga* et *ni*, possèdent chacune 2 *çrutis* (2×2 = 4); les deux suivantes, *ri* et *dha*, chacune 3 (3×2 = 6); les trois dernières *pa, ma, sa*, chacune 4 (4×3 = 12), ce qui nous donne bien, au total, les 22 *çrutis* de l'échelle musicale.

37 *Les mûrchanâs*. La série des notes qui constituent la gamme peut être ou ne pas être *mûrchanâ*. Quand ces notes sont considérées comme produites chacune séparément, sans liaison, il n'y a pas *mûrchanâ*. Mais si elles se suivent sans interruption de l'une à l'autre dans l'échelle ascendante ou descendante, en produisant une série continue de sons régulièrement disposés, alors les *mûrchanâs* prennent naissance. En d'autres termes, il y a *mûrchanâs* dans une gamme qu'on monte ou qu'on descend en liant les notes, dans une seule émission de voix.

C'est du moins l'interprétation que nous suggèrent les textes sanskrits, car il est difficile d'imaginer une diversité d'opinion plus grande que celle qui a divisé sur ce point les divers auteurs européens.

Les définitions des théoriciens hindous sont ordinairement d'un vague désespérant. Nous citerons seulement celle que donne le *Saṃgîta darpaṇa* (*Saṃgîta-sâra-saṃgraha*, p. 30); elle est un peu plus explicite :

« La montée (*âroha*) ou la descende (*avarohaṇa*) des sept notes en gradation (*kramât*), c'est ce qui constitue la *mûrchanâ* : il y en a sept pour chacun des trois *grâmas*. »

38 *uttaramandrâ*, etc. Les dénominations affectées aux quatorze *mûrchanâs* —portées à vingt-et-une par les théoriciens qui admettent trois modes, — sont empruntées aux idées et aux objets les plus divers, et ne paraissent pas mériter une grande attention.

Elles diffèrent quelque peu, suivant les auteurs, et ne sont pas toujours disposées dans le même ordre, ni affectées à la même série de notes.

Remarquons à côté de *abhirudgatâ* la forme *abhyudgatâ*, et l'analogie que présente *mârgavî* avec le nom du *sâman mârgavîya* (Burnell : *The Arsheyabrâhmaṇa*, p. 20. — Comparez pour les noms des *sâmans*: *Introduction*, p. XXXV, XXXVIII).

39 *de deux manières*. Pour avoir la clef de ce passage difficile, il serait nécessaire de comprendre préalablement la démonstration de la théorie des *çrutis* à laquelle l'auteur renvoie. C'est dire que nous nous bornons, comme plus haut, à une interprétation approximative.

40 *Les tânas*. Nous n'avons pas de définition des *tânas*. De ce que ce mot ne

s'applique qu'à des échelles à six ou cinq notes, nous concluons qu'il représente la classe de *mûrchanâs* appelées *šâdavâudavitâkrtâs*.

41 *pañcama*. Le *Saṃgîta-sâra-saṃgraha* (p. 32) présente une variante : à la place de *pañcama*, il mentionne ici la suppression de *dhaivata*.

42 *dhaivata*. Même observation : *pañcama* est indiqué comme supprimé au lieu de *dhaivata*.

43 *praveça, nigraha*. Nous ne sommes pas sûr de l'interprétation que nous donnons de ces mots.

44 *trois sthânas*. Les trois « organes producteurs des sons », d'après Bharata (XVII), sont : la poitrine, la gorge et la tête :

trîṇi sthânâny uraḥkaṇṭhaçirâṃsîti bhavanty api |

Le mot *sthâna* peut se traduire par « qualité », « registre » de la voix. Dans la théorie hindoue, la voix humaine a une étendue de trois octaves (*saptaka*). Elle est *mandra* (grave), *madhya* (moyenne), *târa* (aiguë). La voix *mandra* a son origine dans la poitrine, et paraît répondre à notre voix de *basse*. La voix *madhya* vient de la gorge : ce serait notre *soprano*. Enfin la voix *târa* provient de la tête et représente la voix de *ténor*.

Chacun de ces trois registres est le double, en intensité, de celui qui le précède; à chacun sont affectées sept notes, sept *mûrchanâs* et vingt-deux *çrutis*.

Le corps est comparé à une lyre *(çârîrî vîṇâ)* : chacun des trois organes producteurs est ainsi pourvu de vingt-deux cordes qui vibrent sous l'impulsion du souffle humain, et produisent les *çrutis*, les notes, etc. (Voyez : Mohun Tagore, *Six principal Râgas, Introduction*, p. 8.)

45 *sâdhâraṇa*. Les diverses définitions de ce mot sont très explicites et leur interprétation paraît certaine. Nous n'en dirons pas autant du développement qui suit, pour lequel — vu le mauvais état des manuscrits — nous n'avons pu donner qu'une traduction provisoire.

Nous trouvons dans le *Saṃgîta-parijâta* (éd. Calcutta, 1884, p. 7, *çl*. 73), une définition analogue de ce mot :

yasmât çuddhasvarâd evaṃ prâptasaṃjñâḥ çrutîr jaguḥ |
sâdhâraṇyaṃ bhavet teṣâm anyaçrutigatatvataḥ || 73 ||

L'auteur ajoute :

sâdhâraṇaḥ kâkalîti tathâ kaiçika ity api |
tîvratîvrataras tîvratamo 'py ukto manîṣibhiḥ || 77 ||

46 *kâkalî*. Nous avons de ce mot une définition étymologique assez claire pour qu'il n'y ait pas lieu d'y rien ajouter. Nous nous bornerons à renvoyer à l'explication qu'en donne l'*Amarakoça* (éd. Bombay, 1882, p. 41, 2) : C'est, d'après l'auteur, un son faible, ténu, doux, peu aigu. Dans *kâkalî*, ajoute le commentaire, entre l'idée de ténuité (*sûkṣma*), de petitesse (*kala*); *kâkalî* correspond à *îṣat* (un peu) *kala* : la particule *kâ* formée sur *ku* se prenant aussi dans le sens de *îṣat*.

47 *antara*. Nous remarquons que les seules notes dont il soit question dans cet exposé de la théorie des *sâdhâraṇas* sont les deux notes qui possèdent deux *çrutis*; le terme de *kâkalî* paraît être réservé à *niṣâda*, celui d'*antara* à *gândhâra*. (Comparez *Saṃgîta-sâra-saṃgraha*, p. 30, l. 15-18.)

48 *kaiçika* est formé sur *keça*, cheveu et signifie : de l'épaisseur d'un cheveu.

49 *râga*. Nous ne prenons pas ce mot dans le sens technique qu'il a chez les

théoriciens postérieurs à Bharata. Il a fini par désigner « des formules mélodiques — pour nous servir des heureuses expressions d'un savant compétent en ces matières, M. Gevaërt, — des thèmes, (semblables aux antiennes-types du plain-chant), sur lesquels les musiciens établissent sans cesse de nouveaux chants, en variant les rhythmes, en ajoutant des mélismes, bref en amplifiant la donnée première. » (*Public Opinion*, édité par Mohun Tagore, p. 65-67. Comp. : *Bulletins de l'Académie royale de Belgique*, fév. 1877).

Nous croyons l'introduction de la théorie des *râgas* de date relativement récente. Bharata, dans toute l'étendue du *Nâṭya-çâstra* n'en donne nulle part la définition; il ne consacre aucun *adhyâya* à l'exposé de cet élément musical qui a pris dans la suite un développement important. Nous estimons donc, — malgré une définition des *râgas* attribuée à notre auteur par W. Jones, Mohun Tagore, etc. ; malgré quelques citations que donnent, comme émanant de lui, certains commentateurs de drames, — qu'à l'époque de la composition du *Nâṭya-çâstra* les *râgas* ne constituaient pas encore un des éléments de la théorie musicale, mais qu'ils se sont peu à peu substitués aux *jâtis*, avec lesquelles, du reste, ils semblent, pour ainsi dire, faire double emploi.

50 *jâtis*. Nous trouvons dans quelques textes sanscrits (*Saṃgîta-sâra-saṃgraha, Saṃgîta-parijâta*), la mention des *jâtis ;* mais Bharata est, à notre connaissance, le seul auteur qui en fasse un exposé détaillé. Il oublie cependant d'en donner la définition; le mot veut dire, « espèce » : il n'est donc par lui-même pas très significatif. C'est du contexte, et de l'analogie que les *jâtis* semblent présenter avec les *râgas*, que nous avons déduit le sens de « formules indiquant les principales dispositions mélodiques des notes, la structure possible des phrases musicales ». Elles constituent en quelque sorte, comme les *râgas*, le squelette du chant.

51 *šâḍjî*, etc. En général ces mots, — qui manquent au *Dict. de Saint-Péters.* — ne nous disent pas grand'chose sur l'emploi et le rôle des *jâtis* qu'ils désignent. Nous pouvons répéter pour eux ce que nous avons déjà remarqué à propos des *mûrchanâs*. Quelques-uns sont formés d'après les noms des notes, les autres, comme *ândhrî*, sur des noms de peuples ; d'autres enfin désignent aussi certains *sâmans* (*âršabhî*).

52 *Les jâtis à cinq notes*. On s'explique malaisément la place attribuée à ce développement sur les *jâtis* à six et cinq notes. Il est assez peu admissible que ces remarques aient dû précéder primitivement la définition et l'énumération des notes toniques : le texte paraît donc avoir subi à cet endroit un déplacement. De plus, on attendrait bien plutôt l'indication de la tonique qui convient à ces *jâtis šâḍavâs* et *auḍavâs*, que les prescriptions négatives qu'offrent les textes.

53 *Ces sept jâtis*. Il semble bien qu'il n'a été question que de six *jâtis* et non de sept.

54 *Les douze notes*. Le texte est probablement altéré : nous ne voyons pas quelles peuvent être les douze notes dont il indique la disparition.

55 *Les dix éléments*. Le *Saṃgîta-sâra-saṃgraha* (II, p. 35, l. 1-4), distingue treize éléments des *jâtis*. Il ajoute à notre énumération : le *saṃnyâsa*, le *vinyâsa* et l'*antaramârga*. Comme nous le verrons plus bas, l'interprétation

de la plupart de ces termes techniques est actuellement très malaisée.

56 *graha*. Nous utilisons pour notre traduction la définition suivante du *Saṃgîta-sâra-saṃgraha* (II, p. 34, l. 12) :

gîtâdau sthâpito yas tu sa grahasvara ucyate |

57 *aṃça*. Le texte de ce long développement des caractères de la tonique est altéré, mais le sens général ressort assez clairement. Voici ce qui est dit au même propos dans le *Saṃgîta-sâra-saṃgraha* (II, p. 34, l. 14) :

bahulatvaṃ prayogeṣu saḥ (!) *aṃçasvara ucyate* |

58 *târagati*. Le sens que nous donnons à cette expression est peu sûr. Nous pouvons peut-être rapprocher de notre définition l'hémistiche suivant du 29ᵉ *adhyâya* :

kramâgatas tu yas târaç caturthaḥ pañcamo' pi vâ |

59 *mandragati*. Notre interprétation est encore moins certaine pour ce *lakṣaṇa*. Comparez à propos du *nyâsa* à l'octave [inférieur (?) plus haut, p. 64.

60 *nyâsa*. Nous avons du *nyâsa* une définition analogue dans le *Saṃgîta-sâra-saṃgraha* (II, p. 34, l. 13) :

nyâsasvaras tu vijñeyo yas tu gîtasamâpakaḥ |

61 *alpatva, bahutva*. Le sens donné par nous à ces mots au *çloka* 74 est conjectural. Nous ne proposons pour tout le développement qui suit qu'une interprétation provisoire : notre texte est en si mauvais état que nous aurions peut-être mieux fait de nous abstenir de tout essai de traduction.

62 *prakâras*. Nous ne trouvons nulle part ailleurs la mention de ces quarante-sept modes du *ṣâḍava*, pas plus que des trente de l'*auḍava*. De plus, du fait que l'indication des diverses espèces du *ṣâḍava* est en prose, alors que nous avons un *ârya* pour l'*auḍava*, nous concluons à une altération du texte.

63 *dhruvâs avakṛṣṭâs*. Le 32ᵉ *adhyâya* du *Nâṭya-çâstra* est intitulé « *dhruvâvidhâna* ». Il a déjà été question de la *dhruvâ avakṛṣṭâ* au 5ᵉ *adhyâya* (*çl.* 104, etc.)

64 *âçrâvaṇâ*, une des divisions du prélude-prologue ou *pûrvaraṅga*, décrite dans le 5ᵉ *adhyâya* (*çl.* 18 et suivants) inédit, et reprise dans le 29ᵉ.

65 *mârgas*, appelés aussi *vṛttis* (29ᵉ *adhyâya*) Comp. 5ᵉ *adhyâya*, fin.

66 *gîtis*. Décrites aux 5ᵉ et 29ᵉ *adhyâyas*.

67 *pûrvaraṅga-çuddha*. Nous renvoyons encore au 5ᵉ *adhyâya*.

68 *Les âsâritas*, une des parties importantes du prélude-prologue (5ᵉ *adhyâya*). Les *âsâritas* sont au nombre de 3 : *jyeṣṭha*, *madhya*, et *kaniṣṭha* (*çl.* 10, 20, 21, etc.)

69 *complétée*. Par suite de l'impossibilité où nous sommes d'interpréter présentement tous les termes techniques qui désignent les éléments des *jâtis*, nous nous bornons à les faire entrer sous leur forme sanskrite dans cette énumération qui termine l'*adhyâya*. Nous remarquerons cependant que quelques-uns d'entre eux s'emploient fréquemment l'un pour l'autre, dans le même sens. Les mots *alpatva, daurbalya*, *laṅghanîya* paraissent être à peu près synonymes, aussi bien que *bâhulya* et *bahutva*, *bala* et *balavant*.

70 *karaṇa*. Les *karaṇas* sont des mouvements combinés des pieds et des

mains. Bharata (4e *adhyâya*) en énumère et définit jusqu'à cent-huit espèces.

71 *rasas, bhâvas*, Voir au sujet de ces mots la thèse de M. Paul Regnaud : *La Rhétorique sanskrite*. Paris, Leroux, 1884.

ERRATUM

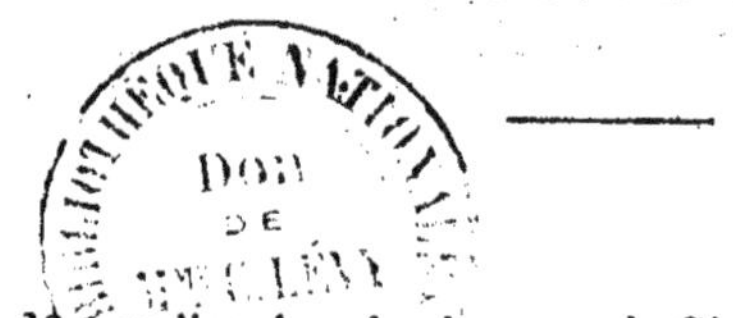

Page 6, l. 13 : au lieu de « les hymnes de Sâma-Véda », lire « les hymnes du Sâma-Véda ».
Page 6, *note* l. 1 : au lieu de « (I, p. 132) », lire « (I, 132) ».
Page 12, *note* l. 3 : au lieu de « Haug : (Ueber », lire « Haug : Ueber ».
Page 13 : *note* l. 3 : au lieu de « d'après le ms. de G) », lire « d'après le ms. G) ».
Page 16, l. 16 : au lieu de « dont elle fait partie intégrante », lire « dont elle est partie intégrante ».
Page 20, *note* l. 11 : au lieu de « *Bhâratîyanâṭya-çâstra* », lire « *Bhâratîya-nâṭya-çâstra* ».
Page 23, l. 19 : au lieu de « *khadja* », lire « *khaḍja* ».
— l. 30 : au lieu de « *pâdabaṃgâç* pour *pâdabhâgaḥ* », lire « *pâdabhaṃgâç* pour *pâdabhâgâḥ* ».
Page 24, *note* l. 3 : au lieu de « dans la seconde », lire « dans le second ».
Page 26, l. 6 : au lieu de « gandharvânâm ca », lire « gandharvânâṃ ca ».
Page 27, l. 3 : au lieu de « samnipâtaḥ », lire « saṃnipâtaḥ ».
— l. 4 : au lieu de « layah », lire « layaḥ ».
— l. 7 : au lieu de « °samgraho », lire « °saṃgraho ».
— l. 11 : au lieu de « çrutiyogataḥ », lire « çrutiyogataḥ | ».
Page 28, l. 5 : au lieu de « dhaivataṣadjau », lire « dhaivataṣaḍjau ».
Page 30, l. 18 : au lieu de « hariṇâçvar abheṇa », lire « hariṇâçvarṣabheṇa ».
Page 31, l. 2 : au lieu de « dvayoh », lire « dvayoḥ »
— l. 18 : au lieu de « ṣadjarṣabha° », lire « ṣaḍjarṣabha° ».
Page 32, l. 5, 6 : lire « tânâḥ ṣaḍjagrâme », sans tenir compte de l' à la ligne.
— l. 14 : au lieu de « °samsparçah », lire « saṃsparçaḥ ».
— *note* l. 17 : au lieu de « sâdhâraṇa nâmâ° », lire « sâdhâraṇanâmâ° ».
Page 33, l. 1 : au lieu de « yathâ ṛtv », lire « yathartv ».
Page 33, l. 14 : au lieu de « kṣârasamj a, lire « kṣârasaṃjña ».
Page 34, *note* l. 7 ; au lieu de « ṣaḍjî ca° », lire « ṣâḍjî ca° ».
Page 36, l. 1 : au lieu de « °ṣâḍjîbhyâm », lire « °ṣâḍjîbhyâṃ ».
Page 43, l. 3 : au lieu de « °saptamâh », lire « °saptamâḥ ».
Page 43, l. 7 : au lieu de « pañcamah », lire « pañcamaḥ ».
Page 44, *note* l. 24 : au lieu de « lakṣanaṃ », lire « lakṣaṇaṃ ».
Page 46, l. 11 : au lieu de « grahah », lire « grahaḥ ».
Page 46, l. 21 : au lieu de « ṣadja° », lire « ṣaḍja° ».
Page 62, l. 25 : au lieu de « *sâdhârana* », lire « *sâdhâraṇa* ».

Le Puy, typographie Marchessou fils, boulevard St-Laurent, 23.

www.ingramcontent.com/pod-product-compliance
Ingram Content Group UK Ltd.
Pitfield, Milton Keynes, MK11 3LW, UK
UKHW020309220726
13923UKWH00003B/1041

9 782019 306243